O DOCUMENTO SUPERVENIENTE PARA EFEITO DE RECURSO ORDINÁRIO E EXTRAORDINÁRIO

JOÃO ESPÍRITO SANTO

O DOCUMENTO SUPERVENIENTE PARA EFEITO DE RECURSO ORDINÁRIO E EXTRAORDINÁRIO

ALMEDINA

TÍTULO:	O DOCUMENTO SUPERVENIENTE PARA EFEITO DE RECURSO ORDINÁRIO E EXTRAORDINÁRIO
AUTOR:	JOÃO ESPÍRITO SANTO
EDITOR:	LIVRARIA ALMEDINA – COIMBRA www.almedina.net
DISTRIBUIDORES:	LIVRARIA ALMEDINA ARCO DE ALMEDINA, 15 TELEF. 239 851900 FAX 239 851901 3004-509 COIMBRA – PORTUGAL LIVRARIA ALMEDINA – PORTO RUA DE CEUTA, 79 TELEF. 22 2059773 FAX 22 2039497 4050-191 PORTO – PORTUGAL EDIÇÕES GLOBO, LDA. RUA S. FILIPE NERY, 37-A (AO RATO) TELEF. 21 3857619 FAX 21 3844661 1250-225 LISBOA – PORTUGAL LIVRARIA ALMEDINA ATRIUM SALDANHA LOJA 31 PRAÇA DUQUE DE SALDANHA, 1 TELEF. 21 371269/0 atrium@almedina.net LIVRARIA ALMEDINA – BRAGA CAMPOS DE GUALTAR UNIVERSIDADE DO MINHO 4700-320 BRAGA TELEF. 253 678 822 braga@almedina.net
EXECUÇÃO GRÁFICA:	G.C. – GRÁFICA DE COIMBRA, LDA. PALHEIRA – ASSAFARGE 3001-453 COIMBRA Email: producao@graficadecoimbra.pt JULHO, 2001
DEPÓSITO LEGAL:	166197/01

Toda a reprodução desta obra, por fotocópia ou outro qualquer processo, sem prévia autorização escrita do Editor, é ilícita e passível de procedimento judicial contra o infractor.

NOTA PRÉVIA

O trabalho que ora se publica corresponde, essencialmente, ao relatório de mestrado apresentado pelo autor, em Outubro de 1994, no seminário de *Direito Processual Civil* integrado no Curso de Mestrado da Faculdade de Direito de Lisboa do ano lectivo de 1992/93.

Circunstâncias de diversa ordem determinaram que o mesmo permanecesse, até agora, inédito — entendeu-se, todavia, que o tema em causa não perdeu interesse e actualidade pelo decurso do tempo que mediou entre a decisão da publicação e a época da sua elaboração, pese embora o facto de o texto originário ter sido objecto de alterações pontuais, destinadas essencialmente a harmonizá-lo às reformas do Código de Processo Civil, entretanto verificadas [1], sem as quais a publicação resultaria *"anacrónica"*.

Todo o preceito legal cuja origem não seja expressamente mencionada reporta-se ao Código de Processo Civil vigente.

---

[1] Reportamo-nos especialmente às reformas operadas pelos DL n.º 329-A/95, de 12.12, e n.º 180/96, de 25.09. Salvo indicação em contrário, os preceitos legais citados reportam-se, pois, à redacção que (eventualmente) lhes tenha sido dada por aqueles diplomas.

PRINCIPAIS ABREVIATURAS

Ac. — Acórdão
BMJ — Boletim do Ministério da Justiça (Ministério da Justiça/Portugal)
CC — Código Civil, aprovado pelo Decreto-Lei n.º 47 344, de 25 de Novembro de 1966
CCJ — Código das Custas Judiciais, aprovado pelo DL n.º 224-A/96, de 26.11.
CPC — Código de Processo Civil, aprovado pelo DL. n.º 44 129, de 28 de Dezembro de 1961
DL — Decreto-Lei
EdD — *Enciclopedia del Diritto* (Giuffrè/Itália)
LOFTJ — Lei de Organização e Funcionamento dos Tribunais Judiciais (Lei n.º 3/99, de 13.01)
NssDI — *Novissimo Digesto Italiano* (UTET/Itália)
RLJ — *Revista de Legislação e de Jurisprudência* (Coimbra Editora/Portugal)
STJ — Supremo Tribunal de Justiça

INTRODUÇÃO (DELIMITAÇÃO DO TEMA E RAZÃO DE ORDEM).

1. O tema de que a seguir nos propomos tratar é o do *documento superveniente para efeito de recurso ordinário e extraordinário*, integrado no seminário de Direito Processual Civil sobre *a prova documental*; assim delimitado, o problema que desde logo se coloca é o da *admissibilidade da junção de documentos ao processo em via de recurso*, revelando um objecto de pesquisa que pode reconduzir-se a uma área de intersecção de diversas questões, a saber: *o documento enquanto meio de prova, o procedimento probatório aplicável à prova documental* e *o recurso, enquanto meio de impugnação de decisões judiciais*.

Como não poderia deixar de ser, e uma vez que se trata aqui de um tema integrado num seminário de *Direito Processual Civil*, não constituiu objecto de análise a admissibilidade da junção de documentos em recursos que não tenham neste ramo de Direito o seu principal assento normativo. Todavia, também não foram considerados todos os recursos cíveis, regulados, ou não, no CPC. Por óbvias razões de limitação da *dimensão* do âmbito a considerar, optámos por tratar apenas da junção de documentos nos recursos cíveis integrados na *regulação maximalizada* do *processo comum ordinário de declaração*, delimitação que nos parece inteiramente justificada em razão do papel subsidiário que a mesma exerce relativamente a outras configurações legais da actividade processual [2].

---

[2] Cfr., *v. g.*, os arts. 4.º do Código de Processo Penal, 1.º, n.º 2, a), do Código de Processo de Trabalho e 2.º, e), do Código de Procedimento e de Processo Tributário.

Não cuidámos, também, da junção processual dos chamados *documentos habilitantes* e dos *pareceres de advogados, professores* ou *técnicos*, por serem reveladores de uma problemática autónoma em relação à apresentação em juízo dos *documentos probatórios propriamente ditos* (art. 525.º)[3].

2. No aprofundamento do tema proposto pareceu-nos que não poderíamos abordar a questão principal sem proceder à sua integração sistemática, focando, ainda que de forma sumária, alguns aspectos prévios que permitam delimitar claramente *a área* em que se coloca o assinalado problema essencial. Assim, procurámos traduzir neste trabalho um *fio condutor* que possibilite a passagem de um plano de análise global à concretização das diversas questões que possam suscitar-se a propósito da junção de documentos em recurso.

Para alcançar esse primeiro objectivo de *enquadramento* do problema principal pareceu-nos adequado abordar, ainda que sumariamente:

i. a relação entre a decisão judicial e os fundamentais modos de a impugnar;
ii. a caracterização do recurso;
iii. a caracterização do processo comum ordinário de declaração no seu aspecto estrutural e a individualização da sua fase instrutória; e, por último,
iv. a prova documental.

Será essa, assim, a ordem de tratamento destas questões.

---

[3] Sobre o assunto, cfr. ALBERTO DOS REIS, **Código de Processo Civil anotado**, Vol. IV, pp. 22 e ss..

I. DECISÃO JUDICIAL E RECURSO.

1. Impugnação das decisões judiciais — generalidades. Recurso e reclamação.

O termo *recurso* (do Latim, *recursu*) assume, na linguagem técnico-jurídica, o vasto, mas particular, significado de *pedido de reponderação* de um acto ou decisão judiciais [4], não muito longínquo do que comummente lhe é atribuído [5].

Ao contrário, porém, do que parece ser o entendimento comum *do significado que os juristas atribuem ao termo «recurso»*, esse pedido de reponderação, como teremos oportunidade de verificar, não supõe necessariamente a existência de uma estrutura hierarquizada [6], de modo a poder ser dirigido pelo *recorrente* a uma instância superior à que praticou o acto ou tomou a decisão.

No nosso *Direito Processual Civil* [7] o recurso surge recortado no art. 676.º, n.º 1, do CPC, tão-somente como *meio de impugnação das decisões judiciais*.

---

[4] Cfr. Afonso de Castro Mendes, "Recurso (Direito Processual Civil)", in **Polis**, Vol. 5, coluna 79.

[5] Almeida Costa/Sampaio Bruno, ***Dicionário da Língua Portuguesa***, p. 1211: "**recurso**, s. m. acto ou efeito de recorrer, de procurar auxílio ou socorro; meio de que se lança mão para alcançar um fim; expediente; protecção; refúgio; abrigo; remédio; cura; pedido de indemnização; *impugnação de uma decisão judicial perante um tribunal superior*; apelação; agravo..." (itálico nosso).

[6] De tipo *administrativo* ou *judicial-continental*. Sobre a distinção, cfr. Oliveira Ascensão, ***O Direito Introdução e teoria geral/Uma perspectiva luso-brasileira***, p. 297; Teixeira de Sousa, ***A competência declarativa dos tribunais comuns***, p. 23.

[7] Sobre a noção, *infra*, II. 1.

Pese embora o facto de à *fixação do direito no caso concreto*, núcleo histórico essencial da função jurisdicional, ser assacada uma particular necessidade de segurança, traduzida na figura do *caso julgado*[8], isso não significa que as decisões dos órgãos titulares dessa função, os tribunais[9], não possam em caso algum ser *"legitimamente"* impugnadas. Essa possibilidade, como refere ARMINDO RIBEIRO MENDES, é actualmente *um dado da experiência comum*[10] e radica, antes de mais, no reconhecimento de que a decisão judicial, como acto humano que é — obra de um ou mais juízes —, é susceptível de conter defeitos, devendo, pois, a ordem jurídica fornecer, dentro dos limites fixados pelos seus valores fundamentais — a justiça e a segurança —, os meios necessários à sua impugnação e, consequentemente, ao seu aperfeiçoamento. No Direito Processual Civil português o *recurso* constitui um desses meios, mas não o único.

Como modos fundamentais de reacção contra decisões judiciais devem assinalar-se o *recurso* e a *reclamação* (art. 677.º)[11], pelo que a noção de recurso que pode retirar-se do art. 676.º, n.º 1, é insuficiente para a sua caracterização. Só a delimitação recíproca das duas figuras permite caracterizá-lo suficientemente.

JOÃO DE CASTRO MENDES assinala que "tendencialmente a diferença entre recurso e reclamação está nisto: a reclamação representa um pedido de revisão do problema sobre que incidiu a decisão judicial, revisão feita pelo mesmo órgão judicial e sobre a mesma situação em face da qual se decidiu; o recurso representa um pedido de revisão da legalidade ou ilegalidade da decisão judicial, feita por um órgão judicial diferente (superior hierarquicamente) ou em razão de argumentos especiais feitos valer"[12].

---

[8] Cfr. os arts. 677.º, 497.º, n.º 1, segunda parte, 498.º e 671.º a 674.º.

[9] Cfr. os arts. 202.º, n.º 1, da CRP (numeração resultante da Revisão Constitucional de 1997), e 1.º e 2.º da LOFTJ.

[10] ***Recursos em processo civil***, p. 19.

[11] Sobre os restantes meios de impugnação de decisões judiciais, cfr., entre outros, CASTRO MENDES, ***Direito Processual Civil***, III.º Vol., pp. 9 e ss..

[12] *Ob. cit.*, III.º Vol., pp. 6-7.

Avulta nesta distinção o critério do órgão judicial que procede à revisão da decisão: tratando-se do mesmo órgão que a proferiu, o pedido deve caracterizar-se como *reclamação*; tratando-se, porém, de um órgão judicial hierarquicamente superior ao que proferiu a decisão, o pedido deve caracterizar-se como *recurso*.

Todavia, esse critério apenas revela uma tendência geral, devendo sofrer uma importante restrição. É que há recursos apreciados pelo mesmo tribunal que proferiu a decisão a rever — são os recursos extraordinários [13]. A caracterização destes passa, antes de mais, pela sua contraposição aos recursos ordinários e pela consideração dos *especiais argumentos que permitem a sua interposição*, questão que adiante analisaremos.

A distinção entre recurso e reclamação proposta por JOÃO DE CASTRO MENDES deixa, contudo, na sombra um aspecto explicativo assaz importante, que se refere à própria razão de ser de uma dupla configuração legal quanto aos fundamentais modos de impugnação das decisões judiciais. Essa razão de ser só se alcança pela análise histórica da génese e evolução dos institutos que modernamente servem esse propósito nos Direitos da família romano-germânica. Uma tal análise permitirá detectar uma contínua dialéctica entre dois meios de reacção contra a decisão judicial: a *appellatio* — cuja origem se situa no Direito romano imperial —, caracterizando-se como modo de reacção contra a sentença viciada por violação do Direito substantivo (*error in iudicando*), e a *querela nullitatis* — cuja origem remonta ao Direito estatutário das cidades italianas da baixa Idade Média —, como modo de reacção contra a sentença viciada por violação de regras processuais (*error in procedendo*).

Muito embora a evolução histórica dos dois institutos venha a demonstrar o progressivo alargamento da *appellatio* em prejuízo da *querela nullitatis*, é aqui que deve buscar-se a mais funda razão de ser da distinção operada no Direito Processual Civil português entre recurso e reclamação. O gérmen do primeiro reside na *appellatio*; o da segunda, na *querela nullitatis*. Cumpre,

---

[13] Recursos de *revisão* e de *oposição de terceiro* (cfr. os arts. 771.º e ss.).

pois, salientar que, na origem, a razão de ser dessa distinção reside, essencialmente, na *natureza do vício* de que padece a decisão revidenda [14]. É essa a razão que conduz ALBERTO DOS REIS, em comentário ao art. 677.º do Código de Processo Civil de 1939, a distinguir o recurso e a reclamação com apelo a um duplo critério: a natureza do vício e o tribunal — o mesmo que proferiu a decisão ou outro, hierarquicamente superior — que aprecia o pedido de revisão. Assim, "[o]s remédios dos arts. 677.º e 679.º têm o carácter de *reclamações*; destinam-se a expurgar a sentença de vícios formais que a inquinam; esse trabalho de expurgação solicita-se ao próprio tribunal que proferiu a sentença viciada"[15]; "[o]s recursos são meios de obter a reforma de sentença injusta, de sentença inquinada de vício substancial ou de erro de julgamento. O mecanismo através do qual opera o recurso define-se nestes termos: pretende-se um *novo exame* da causa, por parte de um órgão jurisdicional hierarquicàmente *superior*"[16]/[17].

O Código de Processo Civil de 1961, mais precisamente o n.º 3 do seu art. 668.º, veio, porém, impedir a utilização do critério da natureza do vício da sentença, formal ou substancial, para operar uma tal distinção. É que as nulidades da sentença referidas nas alíneas b) a e) do n.º 1 do art. 668.º — que ALBERTO DOS REIS classificava como *vícios formais* — só podem ser objecto de reclamação se a sentença não admitir recurso ordinário; se o admitir, poderão constituir objecto de recurso, mas não de reclamação. Reunidos os seus pressupostos, ambos os meios servem, pois, para corrigir vícios formais.

Verificamos, pois, que JOÃO DE CASTRO MENDES, no trecho atrás transcrito, opera a distinção possível, na presença dos actuais dados legais, entre o recurso e a reclamação.

Do que se acaba de dizer não deve ficar, contudo, a ideia de uma relativa indiferença entre reclamar e recorrer de uma deci-

---

[14] Sobre a génese e o desenvolvimento histórico do recurso, cfr. ARMINDO RIBEIRO MENDES, **Recursos em processo civil**, pp. 19 e ss..
[15] **Código de Processo Civil anotado**, Vol. V, p. 212.
[16] *Idem*.

são judicial. O princípio geral que pode recortar-se na lei portuguesa é o de que as decisões judiciais — despachos, sentenças, acórdãos e resoluções proferidas em processos de jurisdição voluntária [18] — são normalmente recorríveis e só excepcionalmente reclamáveis [19]. Isso mesmo se depreende do disposto nos arts. 668.º, n.ºˢ 1 e 3 [20] e 676.º, n.º 1.

O princípio enunciado sofre, porém, duas ordens de restrições, radicadas, por um lado, na *irrecorribilidade de certas decisões* e, por outro lado, no facto de a impugnação de outras passar necessariamente pela reclamação e não pelo recurso [21].

---

[17] *Ibidem*, pp. 124-125: "o magistrado comete erro de juízo ou de julgamento quando *decide mal* a questão que lhe é submetida, ou porque interpreta e aplica erradamente a lei, ou porque aprecia erradamente os factos; comete erro de actividade quando, na elaboração da sentença, infringe as regras que disciplinam o exercício do seu poder jurisdicional. Os erros da primeira categoria são de carácter *substancial*: afectam o *fundo* ou o *mérito* da decisão; os da segunda categoria são de carácter *formal*: respeitam à forma ou ao modo como o juiz exerceu a sua actividade de julgador". Reportando-se ao recorte sistemático dos vícios da sentença no CPC de 1939 (arts. 666.º e ss.), ALBERTO DOS REIS distinguia os *defeitos materiais* — entre os quais autonomizava *as inexactidões e erros materiais descritos no art. 667.º* (correspondente ao art. 667.º, n.º 1, do CPC, embora alterado) *e a obscuridade e a ambiguidade a que se referia a alínea a) do art. 670.º* [correspondente ao art. 669.º, n.º 1, a), do CPC] e os *vícios formais* (que integrava numa categoria mais ampla de *defeitos jurídicos*) — entre os quais autonomizava *as nulidades* (art. 668.º do Código de Processo Civil de 1939 e do CPC vigente) e *a omissão quanto a custas* [art. 669.º do Código de Processo Civil de 1939; o CPC vigente veio, porém, integrar a omissão quanto a custas na categoria dos *erros materiais* da sentença (art. 667.º, n.º 1), cuja correcção se faz por simples despacho do juiz, oficiosamente ou a requerimento das partes, e não por meio de reclamação].

[18] Cfr. os arts. 156.º, n.ºˢ 1, 2 e 3, e 1411.º, nº. 1.

[19] Cfr. CASTRO MENDES, *ob. cit.*, III.º Vol., pp. 8-9.

[20] Cfr., todavia, o n.º 4 do mesmo preceito, aditado pelo DL nº. 329-A/95, de 12.12.

[21] Cfr., v. *g.*, o art. 511.º, n.º 2, nos termos do qual a selecção da matéria de facto só é *reclamável*, muito embora o despacho que incida sobre a reclamação possa ser impugnado no *recurso* interposto da decisão final (n.º 3 do mesmo preceito).

A irrecorribilidade das decisões judiciais pode resultar [22]:

a) da relação entre o valor da sucumbência e o valor da alçada do tribunal [23] de que se recorre (tribunal *a quo* [24]) — só é admissível recurso **ordinário** nas causas de valor superior [25] à alçada do tribunal de que se recorre, desde que as decisões impugnadas sejam desfavoráveis para o recorrente em valor também superior a metade da alçada desse tribunal (art. 678.º, n.º 1) [26];

b) de exclusão legal [27] — *despachos de mero expediente* e *despachos proferidos no uso legal de um poder discricionário* (arts. 679.º e 156.º, n.º 4) [28];

---

[22] Para uma panorâmica doutrinal sobre o assunto, cfr. ARMINDO RIBEIRO MENDES, *ob. cit.*, pp. 156-157.

[23] *Alçada de um tribunal* é o valor até ao qual esse tribunal julga sem recurso; sobre a noção, cfr. CASTRO MENDES, *ob. cit.*, I.º Vol., p. 267. Cfr. também os arts. 24.º da LOFTJ e 5.º, n.ᵒˢ 1 e 2, do CCJ.

[24] Cfr. CASTRO MENDES, *ob. cit.*, III.º Vol., p. 12: «[...] os recursos ordinários são interpostos de um tribunal — dito tribunal recorrido, ou tribunal "a quo" — para outro tribunal superior — dito tribunal de recurso, ou tribunal "ad quem"».

[25] Cfr. os arts. 305.º e ss. e o art. 467.º, n.º 1, f).

[26] Mas à irrecorribilidade contemplada neste preceito, em função da relação apontada, também são criadas excepções (que se reconduzem, pois, à regra da recorribilidade). Essas excepções permitem o recurso, mesmo que se não verifique o primeiro condicionalismo apontado, desde que aquele seja interposto com fundamentos especiais (violação de regras de competência internacional, em razão da matéria ou da hierarquia, ofensa do caso julgado art. 678.º, n.º 2), de decisões respeitantes ao valor da causa, dos incidentes ou dos procedimentos cautelares (com o fundamento de que o seu valor excede a alçada do tribunal *a quo* — art. 678.º, n.º 3), de especiais decisões (é o caso do despacho de indeferimento da declaração de impedimento requerida pelas partes — art. 123.º, n.º 1) ou em processos específicos (nas acções de despejo é sempre admissível recurso para o Tribunal da Relação, independentemente do valor da causa — art. 57.º, n.º 1 do R.A.U., aprovado pelo DL n.º 321-B/90, de 15 de Outubro).

[27] Muito embora esteja consagrada na doutrina, a expressão *irrecorribilidade resultante de exclusão por lei* não é inteiramente rigorosa, porquanto também nos casos referidos na alínea anterior a recorribilidade é vedada por lei.

[28] Sobre o assunto, cfr. CASTRO MENDES, *ob. cit.*, III.º Vol., pp. 43 e ss..

c) de exclusão derivada da vontade das partes (renúncia ao recurso — art. 681.º, n.º 1).

2. Recursos ordinários e extraordinários.

A principal classificação dos recursos, que pode retirar-se do CPC, distingue-os em *ordinários* e *extraordinários* (art. 676.º, n.º 2), pertencendo ao primeiro grupo a *apelação* (arts. 691.º e ss.), a *revista* (arts. 721.º e ss.) e o *agravo* — em primeira e segunda instâncias — (arts. 733.º e ss.), e, ao segundo, a *revisão* (arts. 771.º e ss.) e a *oposição de terceiro* (arts. 778.º e ss.).

O critério de distinção entre recursos ordinários e extraordinários parte da noção de *trânsito em julgado* da decisão recorrida. Assim, são ordinários os recursos interpostos antes de transitada em julgado a decisão e extraordinários os interpostos independentemente desse trânsito em julgado [29].

A caracterização de cada um dos recursos ordinários e extraordinários não ficaria, porém, completa sem que se fizesse uma referência, ainda que sumária, aos critérios que permitem a sua delimitação recíproca.

Os recursos de *apelação* e de *agravo em primeira instância* cabem de decisões proferidas em primeira instância, o primeiro, da sentença final e do despacho saneador que conheçam do mérito da causa (art. 691.º) e, o segundo, das decisões susceptíveis de recurso de que não pode apelar-se (art. 733.º); trata-se, pois, de recursos exclusivamente delimitados pelos respectivos objectos.

---

[29] Cfr. CASTRO MENDES, *ob. cit.*, III.º Vol., p. 74. Sobre o assunto, cfr. ainda, e entre outros, ALBERTO DO REIS, *Código de Processo Civil anotado*, Vol. V, pp. 212 e ss.; PAULO CUNHA, *Da marcha do processo: processo comum de declaração*, Tomo II, pp. 373-374; PALMA CARLOS, **Direito Processual Civil — Dos recursos**, pp. 19 e ss.; ARMINDO RIBEIRO MENDES, **Recursos em processo civil**, p. 136; MANUEL LEAL-HENRIQUES, **Recursos em processo civil**, pp. 31-32; JOSÉ JOÃO BAPTISTA, **Dos recursos**, p. 15-16.

Os recursos de *revista* e de *agravo em segunda instância* cabem de decisões proferidas em segunda instância. O âmbito do primeiro é simultaneamente delimitado pelo seu objecto e pelos seus fundamentos: cabe recurso de revista do acórdão da Relação que decida do mérito da causa (art. 721.º, n.º 1 [30]) e com o fundamento específico de violação da lei substantiva (art. 721.º, n.º 2). Por seu turno, o recurso de agravo em segunda instância delimita-se exclusivamente em razão do seu objecto, nos termos do art. 754.º, n.º 1.

O recurso extraordinário de *revisão* delimita-se exclusivamente pelos fundamentos que o tornam admissível (art. 771.º).

Por seu turno, o recurso extraordinário de *oposição de terceiro* delimita-se pelo seu objecto — uma decisão final —, pelo seu fundamento — simulação processual — e pela legitimidade do recorrente — terceiro prejudicado pela decisão (art. 778.º, n.º 1) ou uma das partes, no caso especial do art. 778.º, n.º 3.

---

[30] *Idem.*

II. FASE INSTRUTÓRIA E PROCEDIMENTOS PROBATÓRIOS. PROVA DOCUMENTAL.

1. **Generalidades.**

Não poderíamos iniciar o tratamento de uma questão relativa à prova documental sem antes fixarmos os elementares pontos de apoio que, na dinâmica processual, permitem avançar até à noção de *prova* e à explicitação da sua necessidade no processo civil.

Entre esses pontos de apoio figuram, naturalmente, a noção de Direito Processual Civil e de processo civil.

O Direito Processual Civil pode caracterizar-se, sumariamente, como "o ramo de direito objectivo, ou conjunto de normas jurídicas, que regulam o processo civil"[31]. A noção, aparentemente simples, carece, contudo, da explicitação do seu objecto: *o processo civil*.

O termo processo (do Latim, *processu*) surge-nos com a fundamental significação de conjunto de fenómenos dirigidos à produção de um fim determinado, sentido esse que pode assumir maior ou menor amplitude consoante a natureza dos fenómenos

---

[31] CASTRO MENDES, *ob. cit.*, I.º Vol., p. 33. Sobre o Direito Processual Civil e a sua necessidade, cfr., entre outros, CARNELUTTI, *La prova civile*, pp. 11-12; LIEBMAN, *Manuale di diritto processuale civile*, I, pp. 29 e ss.; MANUEL DE ANDRADE, *Noções elementares de processo civil*, pp. 1 a 4; PAULO CUNHA, *Da marcha do processo: processo comum de declaração*, Tomo I, pp. 1-3; PALMA CARLOS, *Direito Processual Civil*, Tomo I, pp. 7 a 16; ANSELMO DE CASTRO, *Direito Processual Civil declaratório*, Vol. I, pp. 9 a 15 e 27-28; ANTUNES VARELA, *Manual de Processo Civil*, pp. 1 a 12 e TEIXEIRA DE SOUSA, *Sobre a teoria do processo declarativo*, pp. 15 a 35.

considerados ou a finalidade a que tendem. A dogmática jurídica permitiu, contudo, *construir* uma noção técnica de processo, cuja origem se pode situar na distinção privatista entre *facto* e *acto* jurídico. Partindo dessa distinção pode reconduzir-se a noção de processo a um conjunto de *actos* dirigidos a um fim determinado (*actos processuais*) [32] / [33].

Confrontados com as diversas abordagens realizadas pela doutrina portuguesa para a elaboração da noção de *processo civil*, podemos dizer que há uma coincidência essencial na afirmação de ser aquele um conjunto de *actos* teleologicamente relacionados.

Coincidente é também o *meio* apontado entre a causa (os actos) e o efeito (a finalidade visada): a intervenção de um órgão judicial.

Com alguma diversidade surgem, porém, os entendimentos quanto à finalidade última prosseguida com o processo civil: a obtenção de uma providência jurisdicional [34], a tutela a conceder [35], a justa composição de um litígio de interesses privados comuns [36], a obtenção da providência judiciária requerida pelo autor [37], a obtenção de um caso julgado [38] ou o exercício e a tutela das situações subjectivas [39].

Independentemente de uma análise em concreto de cada um destes entendimentos, que não poderíamos aqui empreender, não pode negar-se que o elemento comum a todos eles se centra no

---

[32] Sobre a relevância do *facto* jurídico processual, cfr. CASTRO MENDES, *ob. cit.*, I.º Vol., pp. 38-39.

[33] Sobre o *acto processual*, cfr. LIEBMAN, *ob. cit.,* I, pp. 197 e ss.; CASTRO MENDES, **Do conceito de prova em processo civil**, pp. 72 e ss.; ANSELMO DE CASTRO, *ob. cit.*, Vol. III, pp. 7 e ss.; TEIXEIRA DE SOUSA, **Introdução ao processo civil**, pp. 89 e ss..

[34] MANUEL DE ANDRADE, *ob. cit.*, p. 4.

[35] ANSELMO DE CASTRO, *ob. cit*, Vol. I, p. 27.

[36] CASTRO MENDES, **Direito Processual Civil**, I.º Vol., pp. 34-35.

[37] ANTUNES VARELA, *ob. cit.*, p. 11.

[38] TEIXEIRA DE SOUSA, **Sobre a teoria...**, *cit.*, p. 52.

[39] TEIXEIRA DE SOUSA, **Introdução ao processo civil**, p. 12.

finalismo da *produção de uma decisão judicial*. Particularmente explicativa — e útil para a delimitação da noção de Direito Processual Civil — parece-nos, todavia, a orientação preconizada por JOÃO DE CASTRO MENDES, ao centrar essa finalidade na natureza dos interesses a considerar: *interesses privados comuns*.

A concretização da noção de Direito Processual Civil só ficaria, porém, completa com a delimitação positiva permitida pela adjectivação "civil". Reportando-nos apenas à ordem jurídica portuguesa, essa adjectivação permite apartar da noção de processo (civil) certos conjuntos de actos teleologicamente relacionados, produzidos por ou perante um órgão jurisdicional, que, visando também a produção de uma decisão desse órgão, não têm por finalidade última dirimir um conflito de *interesses privados comuns*, mas antes certos litígios que envolvam interesses públicos e privados ou exclusivamente públicos (*v.g.*, processo penal [40], processo tributário [41]), ou ainda litígios de interesses privados especiais (processo do trabalho [42]) [43].

Delimitada a noção de processo civil, importa agora referir que a expressão se não reporta a um único conjunto de actos legalmente modelado, mas a vários, o que se traduz na necessidade, de ordem dogmática e prática, da sua sistematização.

---

[40] Cfr. o art. 1.º do DL n.º 78/87, de 17 de Fevereiro, que aprovou o Código de Processo Penal.

[41] Cfr. o art. 1.º do DL n.º 433/99, de 26.10, que aprovou o Código de Procedimento e de Processo Tributário.

[42] Cfr. o art. 1.º do DL n.º 480/99, de 9.11, que aprovou o Código de Processo do Trabalho.

[43] Note-se, porém, que a finalidade assacada ao processo civil de dirimir *conflitos de interesses privados comuns* apenas revela uma tendência geral. Na verdade, também certos litígios de interesses privados *especiais* constituem objecto do Direito Processual Civil. Reportamo-nos a uma vasta área dos litígios de natureza comercial, não abrangidos pelas alíneas a) do n.º 1 e c) do n.º 2 do art. 89.º da LOFTJ, que se encontram sob a alçada do processo civil ou comum, situação cuja origem remonta ao início da vigência do CPC de 1939, que procedeu à unificação dos processos e jurisdições civis e comerciais.

O Direito Processual Civil português permite operar duas classificações básicas do processo, atendendo aos critérios do *fim* e da *forma*.

Já atrás nos referimos à visão doutrinal do fim que, em abstracto, assiste a todo e qualquer processo civil. Em concreto, porém, os processos civis podem distinguir-se consoante a sua finalidade *declarativa* ou *executiva*. A distinção é reveladora de uma enormíssima importância do ponto de vista prático porquanto, como é sobejamente sabido, importa assinaláveis diferenças no que respeita à respectiva tramitação processual.

Sendo a finalidade *declarativa*, isso significa que, com o processo, se visa obter do tribunal uma declaração que *fixe o direito no caso concreto*, resultado que se produz em razão da especial autoridade do órgão que realiza a declaração e da figura do caso julgado material [44]. Se, porém, se tratar de uma finalidade *executiva*, com o processo visa-se, afinal, a obtenção de medidas destinadas à efectiva reparação do direito violado [45].

Já no que respeita ao critério da *forma*, os processos civis classificam-se em comuns e especiais. A lei procede a uma delimitação negativa dos primeiros e positiva dos últimos: a forma especial é a aplicável aos casos expressamente declarados na lei, a comum aos casos a que não corresponda forma especial (art. 460.º).

---

[44] Esse resultado pode consistir tipicamente na *declaração de existência ou inexistência de um direito ou de um facto*, numa *condenação de alguém à realização de uma prestação*, fundada na violação, efectiva ou previsível, de um direito de crédito, ou ainda numa *declaração constitutiva*, mediante a qual se autoriza uma alteração na ordem jurídica existente. A esta classificação, embora sob o prisma da *acção*, se reporta o art. 4.º, n.º 2.

[45] A essa finalidade se reporta, embora sob o prisma da acção, o art. 4.º, n.º 1. Uma maior concretização quanto às finalidades a obter com o processo executivo revela-se, todavia, no disposto no art. 45.º, n.º 2, podendo consistir no *pagamento de quantia certa*, na *entrega de coisa certa* ou na *prestação de um facto*, positivo ou negativo.

Aos processos especiais dedica o CPC o seu Título IV (arts. 944.º e ss.), mas nem só aí podem ser encontrados processos a que corresponde forma especial [46].

A sistematização dos processos especiais, tendo em conta a finalidade que visam, é tarefa complexa de que aqui não poderemos ocupar-nos. Sempre se dirá, contudo, que neles se podem em concreto identificar finalidades atípicas, mas também de natureza declarativa [47] e executiva [48].

O processo civil comum, declarativo ou executivo, pode ainda classificar-se adicionalmente, quanto à forma, em *ordinário, sumário e sumaríssimo* (art. 461.º). No que respeita ao processo comum de declaração, essa classificação faz-se segundo dois critérios, o do valor da causa e o da finalidade concreta da acção (art. 462.º [49]). Já no que respeita ao processo executivo comum, essa classificação atende essencialmente ao critério da natureza do título executivo (art. 465.º).

É de notar, desde já, que o modo de impugnação das decisões judiciais recortado no art. 676.º, n.º 1, o *recurso*, não se afigura privativo de decisões reportadas a um qualquer tipo con-

---

[46] Atente-se, com efeito, no processo de cobrança de dívidas pela prestação de serviços de saúde (DL n.º 194/92, de 8.9) e nos de recuperação de empresas e falência (Código dos Processos Especiais de Recuperação da Empresa e de Falência, aprovado pelo DL n.º 31/98, de 20.10). Controversa é, actualmente, a natureza, comum ou especial, do processo aplicável à *acção de despejo*, tal como é gizada no art. 56.º do RAU. MENEZES CORDEIRO / CASTRO FRAGA sustentam tratar-se de acção *com processo comum* (*Novo regime do arrendamento urbano*, p. 103, nota 1); *contra*, sustentando tratar--se de acção *com processo especial*, TEIXEIRA DE SOUSA, *A acção de despejo*, p. 11.

[47] *V.g.*, processo especial de interdições e inabilitações (arts. 944.º a 958.º).

[48] *V.g.*, processo especial de execução por alimentos (arts. 1118.º a 1121.º).

[49] A afirmação produzida no texto só pode actualmente reportar-se, com inteira propriedade, ao processo declarativo comum, porquanto a reforma do CPC operada pelo DL n.º 329-A/95, de 12.12, *aboliu a forma sumaríssima quanto ao processo executivo*.

creto de processo civil, quer atendendo ao critério da forma quer atendendo ao critério do fim. A feição marcadamente *declarativista* do CPC conduz a que o recurso obtenha uma regulação maximalizada a propósito das decisões proferidas em processo *declarativo comum ordinário*. Contudo, a figura não deixa de surgir com autonomia a propósito do processo declarativo sumário, do processo executivo e dos processos especiais [50].

Como atrás salientámos, será essa regulação maximalizada do recurso, a propósito das decisões judiciais proferidas em processo declarativo comum ordinário, o objecto da nossa análise, com especial incidência no aspecto da junção de documentos em recurso.

A questão não pode, porém, obter um tratamento satisfatório sem que previamente sejam estabelecidas algumas bases nucleares, que se reportam à prova por documentos e aos procedimentos probatórios aplicáveis à prova documental.

2. Processo declarativo comum ordinário e fases processuais. Fase instrutória. Prova.

Como se intui do que atrás ficou dito, o conjunto de actos que compõem o processo civil é dominado por uma fundamental linha de força, a unidade, que resulta, afinal, da teleologia una do conjunto.

Mas o processo civil é ainda marcado por uma outra característica: a sequência cronológica dos actos processuais. Com efeito, cada um desses actos só assume significado relevante enquanto *átomo* de uma *cadeia sequencial*, marcada por uma finalidade colectiva [51].

---

[50] Cfr., *v.g.*, os arts. 792.º (a actual redacção do preceito foi introduzida pela Lei n.º 3/99, de 13.01), 922.º, 923.º, 932.º, 943.º, 955.º, 1102.º, n.º 1, e 1396.º, n.º 1.

[51] Cfr., entre outros, PAULO CUNHA, *ob. cit.*, Tomo I, p. 3 e CASTRO MENDES, **Direito Processual Civil**, I.º Vol., p. 40.

No processo civil português, essa sequência, em que o processo se traduz, é legalmente modelada, o que lhe vale a qualificação de *processo fundamentalmente rígido*[52].

Tomando como ponto de partida o que aqui fundamentalmente nos interessa, o processo declarativo comum, diremos que essa regulação permite a individualização de *fases processuais*.

A fase processual, como ensina PAULO CUNHA[53], pode ser entendida em sentido *cronológico* ou *lógico*. No primeiro sentido, a fase será a fracção da sequência processual compreendida entre dois momentos; no segundo, o complexo de actos que, dentro do processo, se destinam a uma mesma finalidade[54].

Segundo um critério estritamente cronológico, o processo declarativo comum ordinário é composto, em processamento *normal*[55], por cinco fases (a que correspondem outras tantas fases em sentido lógico), assim sequenciadas: fase dos articulados[56], do saneamento e condensação, da instrução, da discussão da causa e do julgamento[57].

---

[52] CASTRO MENDES, **Direito Processual Civil**, I.º Vol., p. 40.

[53] *Ob. cit.*, I, p. 62 e ss..

[54] Próxima desta é a distinção operada por TEIXEIRA DE SOUSA entre *uma acepção formal e material do processo enquanto sequência de actos processuais*, **Sobre a teoria...**, *cit.*, p. 39.

[55] Sobre a distinção entre processamento *normal* e *eventual*, cfr. CASTRO MENDES, **Direito Processual Civil**, III.º Vol., pp. 432-433.

[56] Sobre a noção de *articulado,* cfr., entre outros, PAULO CUNHA, *ob. cit.*, Tomo I, pp. 75-76 e CASTRO MENDES, **Direito Processual Civil**, II.º Vol., p. 458. Cfr. também o disposto no art. 151.º.

[57] Adopta-se o faseamento proposto por MANUEL DE ANDRADE (*ob. cit.*, pp. 106 e 107) e ANTUNES VARELA (*ob. cit.*, pp. 239-240), que difere ligeiramente do proposto por CASTRO MENDES (articulados, condensação, audiência final e sentença **Direito Processual civil**, II.º Vol., pp. 448 e ss.). Esta diferença conduzirá a uma diversa concepção da fase da instrução. Com efeito, se para aqueles autores essa fase se destina essencialmente à *produção das provas* sobre os pontos de facto relevantes para a decisão e não esclarecidos na fase anterior, já para o último, a fase instrutória é, antes de mais, *preparatória* da prova a produzir, já na fase da audiência final (*ob. cit.*, II.º Vol., p. 657). A apontada divergência parece derivar do facto de CASTRO MENDES

Não vamos aqui debruçar-nos em especial sobre todas e cada uma delas, nem tal se afiguraria relevante no âmbito do presente estudo, importando apenas fazer uma referência especial à chamada fase instrutória [58].

Terminada a fase de condensação do processo, e se este houver de prosseguir [59], é proferido despacho saneador determinativo da *base instrutória* (arts. 510.º e 511.º) [60]; nesse caso, e havendo lugar a audiência preliminar (art. 508.º-A), é nela que devem as partes *indicar os meios de prova* [61], podendo, todavia, fazê-lo excepcionalmente em momento ulterior, no prazo determinado pelo juiz [art. 508.º-A, n.º 2, a)] [62].

---

evidenciar, na caracterização da fase da instrução, o seu sentido cronológico, e de os dois primeiros autores, pelo contrário, o seu sentido lógico, já que a audiência final (art. 652.º) é, de facto, perpassada por duas finalidades distintas: uma, de produção de prova; a outra, de discussão da matéria de facto.

[58] Sobre a *instrução processual*, cfr., entre outros, CARLO LEONE, "Istruzione del processo civile; a) Istruzione della causa", in *EdD*, Vol. XXIII, pp. 141 e ss.; MANUEL DE ANDRADE, *ob. cit.*, p. 190; ALBERTO DOS REIS, *ob. cit.*, Vol. III, p. 238; PAULO CUNHA, *ob. cit.*, Tomo I, p. 223; ANTUNES VARELA, *ob. cit.*, pp. 426 e ss..

[59] Cfr. o art. 510.º, n.º 1.

[60] Havendo lugar a audiência preliminar (art. 508.º-A, aditado ao CPC pelo DL n.º 329-A/95, de 12.12, e cuja redacção actual foi introduzida pelo DL n.º 375-A/99, de 20.09), o despacho saneador é ditado para a acta da mesma, seja na data da convocação, seja na data determinada para a continuação da audiência (art. 510.º, n.º 2); não havendo lugar à audiência, o despacho saneador é proferido no prazo de vinte dias contados sobre o termo da fase dos articulados (arts. 508.º-B, n.º 2, e 510.º, n.º 1 — o primeiro preceito foi aditado ao CPC pelo DL n.º 180/96, de 25.99), devendo, neste caso, a secretaria, notificar as partes do despacho e para apresentarem o rol de testemunhas, requererem outras provas ou para alterarem os requerimentos probatórios entretanto já realizados na fase dos articulados, requererem a gravação da audiência final ou a intervenção do tribunal colectivo (art. 512.º, n.º 1, cuja actual redacção foi introduzida pelo DL n.º 375-A/99, de 20.09).

[61] Cfr. o art. 341.º do CC: "As provas têm por função a demonstração da realidade dos factos".

[62] Para a hipótese de se não realizar a audiência preliminar, cfr. a nota anterior. Cfr. também o art. 508.º-A, n.º 4, segunda parte, na redacção que lhe foi dada pelo DL nº. 375-A/99, de 20.09.

É com esta *indicação* que se inicia uma nova fase processual, a da instrução[63], cujo objecto consiste na realização das diligências destinadas à *proposição, produção* e *incorporação* da prova no processo, e que terminará, segundo o esquema legal, com a inquirição das testemunhas (se a ela houver lugar), a realizar na audiência final, imediatamente antes de se iniciar a discussão sobre a matéria de facto [art. 652.º, n.º 3, d), e n.º 4][64].

Do ponto de vista *cronológico*, a fase da instrução é, pois, o período da acção que se desenrola entre a *indicação probatória* e a inquirição, na audiência final, da última testemunha[65]. Nela cabem todos os actos que, cronologicamente, devam praticar-se no período de tempo que decorre entre esses dois momentos.

Do ponto de vista lógico, porém, a instrução destina-se à realização dos actos processuais que permitirão a utilização em juízo dos diferentes meios de prova, devam ou não esses actos realizar-se na fase instrutória, entendida em sentido cronológico.

Assim, cumpre desde já salientar que a fase instrutória — entendida em sentido cronológico — não concentra (ou pode não concentrar) toda a actividade probatória desenvolvida no processo, o que significa que não existe uma coincidência necessária entre o conteúdo dessa fase entendida em sentido lógico e em sentido cronológico. Esta observação deve-se em grande medida

---

[63] Convêm assinalar que, muito embora a fase instrutória se apresente como um período de processamento *normal* no âmbito do processo comum ordinário de declaração, não consiste, todavia, numa fase de realização absolutamente necessária. Assim, não existirá lugar à fase instrutória quando, *v. g.*, o réu seja revel (e devendo considerar-se citado pessoalmente na sua própria pessoa ou tendo apenas junto procuração a mandatário judicial no prazo da contestação — art. 484.º, n.ºs 1 e 2) ou ainda quando se produza despacho saneador que ponha fim à acção por conhecimento e decisão de procedência de excepção dilatória ou conhecimento do mérito da causa (art. 510.º, n.º 1).

[64] O preceituado no n.º 6 do art. 652.º não constitui excepção ao que se refere no texto, porquanto a intervenção do *técnico* é de mera coadjuvação do tribunal quanto à averiguação e interpretação de factos observados por aquele em sede de inspecção judicial (art. 614.º).

[65] Cfr., todavia, o art. 652.º, n.º 7.

ao regime aplicável à prova documental [66], prova essa que deve realizar-se antes da referida *indicação probatória*, no decurso da fase dos articulados (art. 523.º, n.º 1). Mas deve-se também, e por outro lado, à possibilidade de produção *antecipada* de prova testemunhal [67] ou pericial [68], prova essa que normalmente se requer, produz e incorpora no processo durante a fase da instrução em sentido cronológico [69].

Ao contrário do Código de Seabra, o Código Civil vigente não define a essência da prova, mas antes a sua função [70]. Com efeito, dispõe o art. 341.º deste diploma que "[a]s provas têm por função a demonstração da realidade dos factos".

Deste preceito legal resulta desde logo inequívoco que o objecto da prova são *factos*, alegados em juízo ou fora dele [71]. Todavia, no que exclusivamente respeita à prova realizada em juízo, cabe salientar que essa afirmação revela apenas uma tendência geral. Assim, se em geral não compete às partes a prova da existência e conteúdo do Direito aplicável ao caso em apreço, pressupondo-se que o juiz o conhece (*iura novit curia*) —

---

[66] Cfr. o art. 362.º do CC.
[67] Cfr. o art. 392.º do CC.
[68] Cfr. o art. 388.º do CC.
[69] Cfr. os arts. 520.º, 612.º a 615.º, 621.º a 623.º (aos arts. 621.º e 623.º foi dada nova redacção pelo DL n.º 183/2000, de 10.08, que, todavia, nos termos conjugados dos seus arts. 7.º, n.º 8, e 8.º, só é aplicável às provas requeridas ou ordenadas oficiosamente após 1.01.2001), 580.º a 671.º e 652.º, n.º 3, c). O art. 520.º continua, mesmo após a reforma do processo civil operada pelo DL nº. 329-A/95, de 12.12, a referir-se à prova pericial como *arbitramento*, ao qual, antes daquela reforma, se podiam encontrar expressas referências nos arts. 568.º, n.º 1, 570.º, n.º 1, 576.º, n.º 2, 609.º, n.ºˢ 2 e 3, 610.º e 611.º; a expressão não cabe agora no novo regime da prova pericial (arts. 568.º e ss.), pelo que também o art. 520.º deveria ter constituído objecto da reforma de 1995/96.
[70] Cfr. o art. 2404.º do Código Civil de 1867: "[p]rova é a demonstração dos factos alegados em juízo"; para a crítica desta noção legal, cfr. VAZ SERRA, "Provas", in *BMJ*, 110, pp. 63 e ss..
[71] Resultado, aliás, confirmado pelo preceituado nos arts. 342.º e 343.º do CC e 513.º do CPC.

competindo-lhe ainda a definição do Direito aplicável e do seu alcance e conteúdo [72] —, não menos certo é que à parte que invocar Direito *consuetudinário, local* ou *estrangeiro*, compete fazer a sua prova, isto é, a demonstração da existência da fonte e da regra que esta contém, muito embora o tribunal deva, oficiosamente, obter o respectivo conhecimento (art. 348.º do CC).

O termo *prova* assume na terminologia técnico-jurídica e, mais precisamente, processualista, dois significados fundamentais: prova enquanto *actividade* desenvolvida pelas partes, pelo tribunal ou por terceiros, tendente à demonstração da realidade dos factos alegados em juízo (*actividade probatória*), e prova enquanto *meio* ou *instrumento* de demonstração da realidade desses factos [73]. No primeiro sentido, a *prova* — ou, melhor dizendo, *os modos de proposição, produção e assunção* das provas em juízo (os chamados *procedimentos probatórios*) — é objecto do *direito probatório formal*; no segundo, do *direito probatório material* [74] [75].

A necessidade da prova dos factos alegados pelas partes prende-se, naturalmente, com o sucesso ou o insucesso das pretensões processuais de cada uma delas. Assim, e como seria de esperar, o autor procurará convencer o julgador — destinatário da prova (*judicit fit probatio*) — da *realidade* das afirmações de facto que sustentam a sua pretensão, procurando o réu, por seu

---

[72] Cfr. o art. 664.º: na elaboração da sentença o juiz só pode servir-se dos factos articulados pelas partes sem prejuízo da possibilidade de utilização de factos que não carecem de alegação nem de prova (factos notórios, factos de que o tribunal tem conhecimento por virtude do exercício das suas funções e factos instrumentais que resultem da instrução e discussão da causa arts. 264.º, n.º 2, e 514.º), mas de modo algum se encontra vinculado às sua alegações no tocante à *indagação, interpretação* e *aplicação* do Direito.

[73] Sobre o conceito jurídico de prova, cfr. CASTRO MANDES, **Do conceito de prova em processo civil**, *passim;* CARNELUTTI, *ob. cit., passim.*

[74] Sobre a distinção, cfr. VAZ SERRA, *ob. cit.,* pp. 63-64.

[75] Muito embora, no âmbito do direito probatório material possam ainda identificar-se outros dois grandes núcleos normativos, para além das regras sobre a admissibilidade dos meios de prova, e que respeitam à força probatória dos meios de prova admitidos e ao ónus da prova.

turno, demonstrar a inexistência desses factos, ou, não obstante o reconhecimento da sua *realidade*, procurará demonstrar a existência de circunstâncias impeditivas, modificativas ou extintivas que obstem à concessão da tutela requerida pelo autor. As partes têm, aliás, o ónus da demonstração da realidade dos factos alegados e favoráveis a cada uma delas, suportando os inconvenientes inerentes à não realização da prova desses factos, ou seja, decaírem na sua pretensão processual [76]/[77].

Tal não significa, porém, que toda e qualquer iniciativa probatória resida exclusivamente na actividade das partes. Na realidade, se, na decisão a proferir, o julgador se encontra *amarrado* ao princípio dispositivo, só podendo servir-se dos factos alegados pelas partes [78], já no que respeita à actividade instrutória, isto é, à prova desses factos, impera o princípio inquisitório. O julgador pode realizar ou ordenar oficiosamente as diligências que considere necessárias para o apuramento da verdade, quanto aos factos de que pode conhecer [79].

Dissemos atrás que, tendencialmente, o objecto da *actividade probatória* realizada na fase da instrução (em sentido cronológico) consiste na demonstração da realidade dos *factos* alegados pelas partes. Deve, contudo, referir-se que não se trata de todos os factos alegados, mas apenas, de entre eles, *os que relevem para a decisão da causa* (art. 511.º, n.º 1), *constantes da base instrutória* [80] (arts. 511.º, n.º 1 e 513.º) e *não notórios* (art. 514.º, n.º 1). E, para efectuar essa demonstração, pode usar-se dos meios de prova legalmente admissíveis, nos termos dos arts. 349.º e ss. do CC.

---

[76] Cfr. os arts. 342.º e ss. do CC e 516.º do CPC.

[77] Sobre a prova e a sua função, cfr., entre outros, CASTRO MENDES, *Do conceito de prova em processo civil*, passim; CARNELUTTI, *ob. cit.*, pp. 11 e ss.; ANDRIOLI, "Prova. Diritto processuale civile", in *NssDI*, Vol. XIV, pp. 260 e ss..

[78] Cfr. a nota 72.

[79] Cfr. os arts. 535.º, n.º 1, 579.º e 612.º, n.º 1.

[80] Ou seja, factos cuja *realidade* não foi demonstrada na fase processual anterior, e que, portanto, relevando para a decisão da causa, não constam da matéria de facto considerada como assente (art. 511.º, n.º 2).

3. Procedimentos probatórios e prova documental.

Segundo a lição de MANUEL DE ANDRADE [81], os *procedimentos probatórios* podem definir-se como "os esquemas dos actos processuais relativos à utilização dos diversos meios de prova", comportando a sua estrutura quatro momentos típicos:

a) a *proposição* da prova, isto é, o oferecimento do meio de prova pela parte e o requerimento da sua admissão ou produção no processo;

b) a *admissão* da prova, que consiste no deferimento pelo juiz da prova proposta;

c) a *produção, administração* ou *execução* da prova, ou seja, a formação de uma prova constituenda; e,

d) a *assunção* da prova, o derradeiro momento dos procedimentos probatórios, traduzido na incorporação no processo do meio de prova oferecido ou proposto e produzido.

O regime normal do oferecimento, produção e assunção das provas é o da concentração de todos esses actos na fase instrutória do processo.

No processo declarativo comum ordinário, a proposição e o requerimento de admissão ou produção de meios de prova devem ser realizados na audiência preliminar, se a ela houver lugar, ou no prazo que vier a ser concedido à parte que o requerer, ou ainda nos cinco dias subsequentes à realização da audiência, quanto aos mandatários que a ela não houverem comparecido [art. 508.º-A, n.º 2, a), e n.º 4, segunda parte]; não havendo lugar à audiência (art. 508.º-B), o prazo concedido às partes para o efeito é de quinze dias, contados sobre a notificação do despacho saneador (art. 512.º) [82] — os prazos referidos são peremptórios e

---

[81] *Ob. cit.*, p. 221.
[82] Note-se, todavia, que em qualquer um dos casos referidos no texto, as partes não estão inibidas de formular requerimentos probatórios nos respectivos articulados (cfr., *v.g.*, os arts. 467.º, n.º 4, e 512.º, n.º 1).

só prorrogáveis mediante acordo das partes e por uma única vez (arts. 145.º, n.ºˢ 1 e 3, e 147.º)[83].

Significa isto que as provas cuja assunção processual depende de *proposição e requerimento de admissão* pelas partes estão sujeitas a um *princípio de preclusão*, que impede a sua proposição, requerimento, admissão e assunção, realizada que esteja a audiência preparatória ou decorridos os prazos referidos (e para os casos especialmente contemplados), ou a prorrogação acordada pelas partes[84].

A prova documental obedece, porém, a um regime próprio, de maior simplicidade e maleabilidade, concentrando-se na fase dos articulados os procedimentos probatórios respectivos[85].

Nos termos do 523.º, n.º 1, os documentos *destinados a fazer prova dos fundamentos da acção ou da defesa* devem ser apresentados com o articulado em que se aleguem os factos correspondentes. Devem, pois, os documentos ser anexados ao articulado em que se alegam os factos que a parte se propõe com eles provar; o *acto de junção* do documento concentra, quanto a este meio de prova, todos os procedimentos probatórios (proposição, admissão e assunção da prova).

A *ratio* do regime, como é bom de ver, reside, antes de mais, no *princípio da audiência contraditória* na instrução do processo (art. 517.º), cuja execução, neste âmbito, é garantida pela *entrega* à(s) parte(s) contrária(s) de cópias do documento (art. 152.º, n.º 2[86]), e pela possibilidade de que esta(s) goza(m)

---

[83] Sobre a contagem do prazo, cfr. o art. 144.º, n.º 1. Quanto à contagem do prazo referido no art. 512.º é ainda relevante a consideração do disposto nos arts. 253.º, n.º 1, e 254.º, n.º 2.

[84] Cfr., todavia, o art. 512.º-A, quanto à prova testemunhal.

[85] Sobre a noção de documento e sobre a prova documental, cfr., entre outros, Luzzatto, "Documento. Diritto romano", in *NssDI*, Vol. VI. pp. 84-85; Carnelutti, "Documento. Teoria moderna", *NssDI*, Vol. VI, pp. 85 e ss..

[86] O preceito, na redacção vigente, impõe às partes que os documentos apresentados sejam acompanhados de tantas cópias, em papel comum, quantos os duplicados referidos no n.º 1 do mesmo art. e que são destinadas à(s)

de impugnar, no articulado subsequente (se o houver), quer a admissibilidade quer a genuinidade do mesmo (arts. 517.º, n.º 2, e 544.º, n.ºˢ 1 e 2), bem como proceder à ilisão da respectiva autenticidade ou da força probatória (art. 546.º). Não havendo articulado subsequente, é aplicável o disposto no art. 526.º: sendo o documento oferecido com o último articulado, a sua apresentação é *notificada* à parte contra a qual é apresentado [87], o mesmo

---

parte(s) contrária(s) e a esta(s) entregues com a primeira notificação subsequente à sua apresentação. Nos termos do disposto no art. 7.º, n.º 2, do DL n.º 183/2000, o preceito *deixará de ter aplicação aos articulados* a partir de 1.01.2003, o que se relaciona com o facto de a nova redacção do art. 150.º, n.º 1, introduzida pelo mesmo diploma (que, todavia, só entrará em vigor em 1.01.2003, podendo no entanto as partes prevalecer-se dele a partir de 1.01.2001, nos termos do art. 7.º, n.º 1, do mesmo diploma), determinar, *sobre a entrega ou remessa a juízo de peças processuais*, que os articulados serão apresentados *em suporte digital*, acompanhados de um exemplar *em suporte de papel* (cuja função é a de servir de cópia de segurança e certificação contra *adulterações introduzidas no texto digitalizado*), ao qual devem ser anexados os documentos *não digitalizados*; o n.º 6 do art. 152.º (aditado pelo mesmo diploma e que entrou em vigor em 1.01.2001) preceitua que a parte que apresente o articulado em suporte digital, acompanhado da cópia de segurança (*o que só consistirá numa faculdade entre 1.01.2001 e 1.01.2003, tornando-se obrigatório a partir desta última data*), *fica dispensada de oferecer os duplicados*, devendo estes ser extraídos pela secretaria, na quantidade determinada pelo n.º 1, do que parece poder concluir-se que, a partir de 1.01.2003, a dispensa de apresentação se estenderá tanto aos duplicados dos articulados *como às cópias dos documentos juntos*, apesar de o novo n.º 6 em parte alguma se referir às cópias constantes do n.º 2 — aliás, quer a redacção do n.º 1 do art. 150.º quer a redacção do novo n.º 6 do art. 152.º, resultantes do mencionado diploma, parecem-nos muito criticáveis, por demasiado *oblíquas*.

[87] No caso vertente, a lei parece exigir *a expressa notificação da junção documental*, o que, todavia, se compreende mal, atento o disposto nos arts. 152.º, n.º 2 (no que respeita à entrega de cópias dos documentos juntos à parte contrária, *com a primeira notificação subsequente à apresentação*), no que respeita à contestação, já que lei prevê expressamente a sua notificação ao autor (492.º, n.º 1), sendo que a mesma pode consistir no último dos articulados (art. 502.º, n.ºˢ 1 e 2, exceptuados, portanto, os casos de defesa por excepção, dedução de reconvenção e acções de simples apreciação nega-

sucedendo quando for oferecido depois do último articulado. Tal notificação não ocorrerá, contudo, se a parte a quem deva ser notificado o oferecimento estiver presente ou o documento for oferecido com alegações que admitam resposta.

3.1. Apresentação de documentos em juízo.

Dissemos atrás que os documentos destinados a fazer *prova dos fundamentos da acção ou da defesa* devem ser apresentados com o articulado em que se aleguem os factos correspondentes (art. 523.º, n.º 1). Todavia, e verificadas certas condições, vem a lei permitir a sua junção após esse primeiro momento. É o que se verifica nas hipóteses dos artigos 523.º, n.º 2, e 524.º, n.º 1.

Mas, à apresentação de documentos em juízo refere-se também o art. 524.º, n.º 2, embora já se não trate aqui de documentos *destinados a fazer prova dos fundamentos da acção ou da defesa*.

A análise do regime da junção de documentos em juízo carece, pois, de uma operação prévia de distinção *entre dois tipos de documentos*, residindo o critério distintivo na finalidade visada com a sua apresentação: aqueles que se destinam *a fazer prova dos fundamentos da acção ou da defesa* (a estes se referem os arts. 523.º e 524.º, n.º 1), por um lado, e, por outro lado, aqueles que se destinam *a provar factos verificados após o momento de apresentação dos articulados ou cuja apresentação se tenha tornado necessária em virtude de ocorrência posterior* (aos articulados) — a estes se reporta o art. 524.º, n.º 2.

---

tiva, que admitem réplica para efeitos de, respectivamente, resposta às excepções deduzidas, dedução da defesa quanto à matéria reconvencional e impugnação pelo autor dos factos constitutivos alegados pelo R. e alegação dos factos impeditivos ou extintivos do direito invocado pelo R.); o mesmo não sucede no que respeita à réplica e à tréplica, para as quais a lei não prevê expressamente a notificação à parte contrária, embora no caso da primeira, tal notificação esteja implícita no art. 503.º, n.º 1, sendo que qualquer uma dessas peças processuais pode consistir no último articulado.

Por agora vamos centrar-nos essencialmente na análise da apresentação em juízo dos documentos que pertencem ao primeiro grupo, remetendo para final a análise do regime da apresentação dos documentos a que se refere o n.º 2 do art. 524.º.

3.1.1. Apresentação de documentos destinados a fazer prova dos fundamentos da acção ou da defesa.

No regime da apresentação de documentos que se destinam a fazer prova *dos factos que servem de fundamento à acção ou à defesa* podem distinguir-se *quatro momentos típicos*:

a) o momento da *apresentação do articulado em que se aleguem os factos que o documento se destina a provar* (este é, por assim dizer, o *momento-regra* da sua apresentação — art. 523.º, n.º 1 [88]) [89] /[90];

---

[88] Cfr. ALBERTO DOS REIS, *ob. cit.*, Vol. III, p. 7: "[a] exigência da junção de documentos com os articulados não tem natureza dum *dever jurídico*; é um *ónus* ou encargo.[...] A parte, deixando de juntar os documentos, não pratica acto, ou melhor, omissão *ilícita*, que deva ter como consequência a imposição duma pena, como a multa, ou duma indemnização à parte contrária; o que sucede, em tal caso, é que a parte não se desonera do ónus que sobre ela pesava e a sanção adequada a essa espécie de falta é ficar ela colocada no processo em situação de inferioridade [...], a que deveria corresponder a perda do direito de juntar os documentos" — mas a que corresponde, na realidade, a multa devida pela junção tardia, se a houver, e com as assinaladas excepções do art. 523.º, n.º 2, última parte; *em sentido contrário*, sustentando tratar-se de um verdadeiro *dever jurídico*, ANTUNES VARELA, Anotação ao Ac. do STJ de 9 de Dezembro de 1980, in *RLJ*, 1982-1983, p. 93.

[89] Cfr. ALBERTO DOS REIS, *Breve estudo sobre a reforma do processo civil e comercial*, p. 252: "[q]uando num articulado se menciona expressamente um documento, este fica a fazer *parte integrante* do articulado. Para que a parte contrária possa compreender devidamente o articulado e responder-lhe, se ainda é admissível resposta, é indispensável que se junte logo o documento; se não se juntar, produz-se uma peça incompleta e coloca-se o adversário em condições de não poder tomar posição nítida e consciente quanto aos factos alegados".

[90] Cfr. ALBERTO DOS REIS, *Código de Processo Civil anotado*, Vol. III, p. 11: «[...] o autor tem de juntar com a petição inicial os documentos

b) não sendo apresentados no *momento-regra*, pode ainda a parte que deles pretende fazer uso apresentá-los até ao *encerramento da discussão em primeira instância* (e aqui de duas uma, ou o apresentante faz prova de que não pôde apresentá-los no *momento-regra*, e então não sofrerá quaisquer consequências desfavoráveis; ou não faz essa prova, e será condenado em multa — art. 523.º, n.º 2)[91];

---

destinados a fazer prova dos factos a que se refere o n.º 4.º do art. 480.º [art. 467.º do vigente CPC], o réu tem de juntar com a contestação os documentos com os quais se propõe provar os factos a que alude o art. 492.º [art. 488.º do vigente CPC]. Se houver réplica e tréplica, autor e réu têm de oferecer com esses articulados os documentos comprovativos dos factos *novos* trazidos ao pleito por uma e outra peça. Sublinhamos a palavra "novos" para significar que não é lícito ao autor oferecer com a réplica documentos relativos a factos já narrados na petição inicial, como não é lícito ao réu juntar com a tréplica documentos relativos a factos já articulados na contestação; pouco importa que o autor e o réu reproduzam esses factos na réplica e na tréplica. Desde que determinado facto foi alegado na petição inicial como fundamento da acção, o autor, querendo prová-lo por documento, tem de juntar este imediatamente. Entende-se que o documento é, neste caso, complemento necessário da petição inicial, faz parte integrante dela e deve, por isso, acompanhá-la. O mesmo a respeito de facto exposto na contestação como fundamento da defesa. Suponhamos que o autor repete o facto na réplica ou o réu repete-o na tréplica; nem por isso fica com o direito de juntar o documento ao abrigo da 1ª alínea do art. 550.º [art. 523.º, n.º 1, do vigente CPC], o que então tem de aplicar-se é o disposto na 2ª. alínea do art. 550.º [art. 523.º, n.º 2, do vigente CPC]».

[91] *Idem*, pp. 7 e 11: "[n]o projecto [do CPC de 1939] estabelecia-se, como sanção, que os documentos não seriam recebidos ulteriormente, caso não fossem juntos com os articulados; era a doutrina do art. 209.º do Código de 1876. Manuel Rodrigues opôs-se. Esta sanção, observava ele, contraria o princípio de que o juíz deve julgar segundo a verdade, e não se compreende em face do art. 471.º (555.º do Cód.) [art. 535.º do vigente CPC]. O juiz pode requisitar documentos e pode requisitá-los às partes; os documentos requisitados podem ser precisamente os que a parte devia ter oferecido com os articulados. De modo que se a sanção actual, pode levar a decisão injusta; se não actua, não serve de nada.[...] A sanção deverá ser outra, concluía Manuel Rodrigues: multa no caso de malícia ou negligência, e porventura indemnização à parte contrária quando esta fizer seguir o processo simplesmente por desconhecer a existência dos documentos".

c) depois do encerramento da discussão em primeira instância é ainda admissível a *junção em recurso* de documentos cuja apresentação não tenha sido possível até aquele momento (art. 524.º, n.º 1).

3.1.1.1. Apresentação de documentos em primeira instância.

Do que acaba de dizer-se resulta, desde já, um dado muito claro: a não apresentação do documento com o articulado em que se aleguem os factos correspondentes (no *momento-regra*) não tem eficácia preclusiva do direito de os juntar em momento posterior, dentro dos limites admitidos.

Na primeira instância, a possibilidade de junção de documentos que se destinam a servir de meios de prova dos factos alegados como fundamentos da acção ou da defesa é cronologicamente delimitada entre o momento da apresentação do articulado em que se aleguem os factos correspondentes e o do encerramento da discussão.

Decorrido, porém, o primeiro momento, a parte que desses documentos pretender fazer uso sujeita-se ao pagamento da multa devida pela *junção tardia*, a menos que demonstre a impossibilidade de os haver junto no *momento-regra*.

Essa impossibilidade pode ocorrer nas seguintes situações:

a) **o documento ainda não se tinha formado à data do termo do prazo para a apresentação do articulado respectivo** (impossibilidade objectiva)[92];

b) **o documento já existia à data da apresentação do articulado respectivo, mas a parte desconhecia a sua existência** (impossibilidade subjectiva);

c) **o documento já existia na data referida na alínea a) e a parte tinha conhecimento dessa existência, mas não pôde dispor dele para o juntar ao articulado respectivo**[93].

---

[92] Caso que se verificará com maior nitidez e frequência em relação a *documentos autênticos* (cfr. o art. 363.º, n.º 2, do CC).

[93] Estas três situações são individualizadas por ALBERTO DOS REIS, **Breve estudo...**, *cit.*, p. 256, e **Código...**, *cit.*, Vol. IV, p. 11, e ANTUNES VARELA, *ob. cit.*, p. 531.

É preciso dizer, contudo, que nem toda e qualquer das situações individualizadas pode representar uma verdadeira impossibilidade de junção do documento com o articulado respectivo, isentando assim o apresentante da multa, se juntar o documento antes do encerramento da discussão.

Senão vejamos: no que respeita à primeira hipótese, com a impossibilidade assinalada tem-se em vista, sobretudo, os documentos que devem juntar-se com a contestação e os articulados subsequentes (se a eles houver lugar[94]), pois será nestes que, com maior frequência, poderá qualquer das partes necessitar da produção de um documento determinado, produção essa que pode não ser compatível com o cumprimento dos prazos para apresentação dos articulados referidos. Mas outras situações existirão, certamente, em que o apresentante podia, efectivamente, ter obtido o documento diligenciando no sentido da sua produção, a fim de o juntar ao articulado respectivo. Esta situação será facilmente verificável no que respeita ao *autor* e à prova documental dos factos articulados na *petição inicial*. Fazendo uso de uma máxima popular, sempre poderá dizer-se que *quem vai para o mar, prepara-se em terra*.

Todavia, como observa ALBERTO DOS REIS, "[...] há casos em que o autor se vê forçado a ir para juízo antes de estar convenientemente apetrechado; são os casos em que a acção está sujeita a limite de prazo (casos de caducidade do direito de accionar) ou em que o direito substancial corre risco de se extinguir por prescrição ou por outro motivo, ou em que há o perigo de ficarem sem efeito providências cautelares que hajam sido decretadas [...]. Mesmo fora destes casos extremos, o autor pode ter razões sérias de conveniência para dar início à lide antes de ter em seu poder todos os documentos de que carece"[95]. Concluindo, depois, por um critério de assinalável razoabilidade: "[a] imposição de multa só tem justificação quando haja razões para crer que foi por *malícia* ou por *negligência* que a parte deixou de

---

[94] Cfr. os arts. 502.º, n.ºs 1 e 2, 503.º, n.º 1, e 506.º, n.º 1.
[95] ***Código...****, cit.*, Vol. IV, p. 12.

juntar o documento com o articulado. Por malícia, para ocultar da parte contrária o documento respectivo; por negligência, isto é, por simples falta de atenção ao preceito exarado [...]"[96].

O que se disse a propósito da primeira situação de impossibilidade de apresentação do documento serve, de alguma maneira, para analisar a segunda. Também aí, se a parte desconhecia a sua existência à data em que apresentou o articulado em que alega os factos que pretende (mais tarde) provar com o documento, mas se podia, usando de *normal diligência*, ter obtido esse conhecimento ou o próprio documento, não deve beneficiar da isenção de multa permitida pelo n.º 2 do art. 523.º.

Mais complexa, contudo, se apresenta a delimitação das situações do terceiro tipo. Se é certo que a indisponibilidade do documento ao tempo em que devia ser apresentado o articulado respectivo representa uma *real impossibilidade* de o juntar, também é certo que essa indisponibilidade pode resultar de três situações de facto:

a) **o documento estava em poder da parte contrária**;
b) **o documento estava em poder de terceiro**;
c) **era desconhecido o paradeiro do documento**.

Ora, nas duas primeiras situações, sempre poderia a parte que pretendesse fazer uso do documento em poder da parte contrária ou de terceiro, e para assim afastar a sua própria indisponibilidade sobre o mesmo, socorrer-se, no momento da entrega do articulado correspondente, dos meios que lhe são facultados pelos arts. 528.º e 531.º.

É certo que, mesmo usando desses meios, poderão atingir-se situações em que o requerente acabará por continuar a não poder utilizar o documento em seu proveito, ainda que o tribunal ordene a notificação para a sua junção[97], mas, se porventura vier a

---

[96] *Idem*.
[97] Cfr. os arts. 528.º, n.º 2, 529.º, 533.º e 519.º, n.º 2. Cfr. também o art. 533.º.

dispor dele antes do encerramento da discussão e o pretender juntar, alegando a prévia indisponibilidade para evitar a condenação em multa, parece-nos que *só deverá deixar de ser nela condenado se, tempestivamente, tiver usado dos meios facultados nesses preceitos legais.*

Solução paralela, parece-nos, deve ser encontrada para a terceira situação de indisponibilidade, em razão dos meios facultados nos arts. 1069.º, 1072.º e 1073.º — concretizando, em situação idêntica às anteriores, a parte que, posteriormente à apresentação do articulado respectivo pretenda fazer uso de documento cujo paradeiro era então desconhecido, mas que antes de encerrada a discussão veio a conhecer-se, deve usar desse meio (reforma do documento) antes de proposta a acção ou no seu decurso, se pretender evitar a condenação em multa por apresentação tardia.

Analisadas as situações que podem integrar a impossibilidade de junção dos documentos, a que se refere o n.º 2 do art. 523.º — e, portanto, legitimar plenamente a sua junção até ao encerramento da discussão —, cabe agora esclarecer dois aspectos complementares.

O primeiro prende-se com a rigorosa determinação do que pode entender-se por *encerramento da discussão* para efeitos do disposto nos arts. 523.º, n.º 2, e 524.º, n.º 1. É que a fase da discussão da causa comporta, na realidade, dois momentos, sucessivos e cronologicamente distintos: um primeiro momento, de *discussão da matéria de facto* [art. 652.º, n.º 3, e) e n.º 5], necessariamente oral, e, um segundo momento, de *discussão do aspecto jurídico da causa* (arts. 653.º, n.º 5, e 657.º). Entre ambos medeia o *julgamento da matéria de facto* (art. 653.º, n.ºˢ 1 a 4).

Numa primeira abordagem da questão, e à falta de expressa disposição legal que limite a possibilidade de apresentação de documentos, admitida no art. 523.º, n.º 2, *ao encerramento da discussão da matéria de facto* — cujo termo é normalmente marcado pela última das réplicas dos advogados, se as houver [a que se refere a alínea e) do n.º 3 do art. 652.º][98], pareceria não

---

[98] Cfr. o art. 652.º, n.º 6.

existir razão bastante para sustentar tal entendimento. E, a reforçá--lo, sempre poderia invocar-se o disposto no art. 663.º, n.º 1, no qual se preceitua que a sentença deve "tomar em consideração os factos constitutivos, modificativos ou extintivos do direito que se produzam posteriormente à propositura da acção, de modo a que a decisão corresponda à situação existente no momento do encerramento da discussão".

A *ratio* deste último preceito é clara: trata-se de garantir que a sentença seja, tanto quanto possível, reflexo da verdade material, instrumento decisório esclarecido sobre toda a extensão da realidade dos factos relevantes. Ora, a sua colocação sistemática, sobretudo se confrontado com o disposto no art. 658.º, parece indiciar que o mesmo se refere *ao encerramento da discussão do aspecto jurídico da causa*. E, assim sendo, se essa finalidade deveria levar o julgador a tomar em consideração a realidade dos factos que se produzissem *posteriormente à propositura da acção*, de modo a que a decisão fosse ponderada com base na factualidade determinada *no momento do encerramento da discussão do aspecto jurídico da causa*, por *maioria de razão* também a busca dessa verdade material deveria, obviamente, levar em conta a realidade dos factos relevantes para a decisão que se invocassem como fundamentos da acção ou da defesa, isto é, os factos a que se referem os documentos do art. 523.º, n.º 1.

A solução é, todavia, bem outra. É que, se com a junção de documentos se visa demonstrar a *realidade de factos*, não se compreenderia que tal junção fosse admitida após a decisão sobre a matéria de facto (art. 653.º). Aliás, é sobre a factualidade já assente que incidem a discussão do aspecto jurídico da causa e a sentença (arts 653.º, n.º 5, *in fine*, 657.º, *in fine*, e 659.º, n.ºˢ 2 e 3).

Assim sendo, o encerramento da discussão, a que se refere o art. 523.º, n.º 2, deve entender-se como o *encerramento da discussão da matéria de facto*[99]. Não vemos que possa atribuir-se

---

[99] Será, pois, ao *encerramento da discussão da matéria de facto* que nos referiremos quando, adiante, fizermos simplesmente referência ao «encerramento da discussão».

valor decisivo ao argumento sistemático atrás referido, a propósito do art. 663.º, n.º 1; muito pelo contrário, também nesse preceito o entendimento de semelhante expressão deve ser idêntico.

O segundo aspecto a esclarecer é o de que o encerramento da discussão da matéria de facto é, portanto, preclusivo da possibilidade de apresentação de documentos *destinados a fazer prova dos fundamentos da acção ou da defesa* em primeira instância. Significa isto que o apresentante não mais goza, a partir desse momento, do direito de os apresentar.

Ora, existindo apresentação *extemporânea* desses documentos, qual deverá ser a solução a adoptar? Deverá o juiz, oficiosamente, ordenar o seu desentranhamento do processo, ou só deverá fazê-lo a requerimento da parte contrária?

A lei não fornece uma resposta clara à questão. Por um lado, no art. 542.º, n.º 1, segunda parte, dispõe-se que, se os documentos forem *manifestamente extemporâneos*, deve a secretaria fazer os autos conclusos e o juiz decidir sobre a junção, isto é, da sua admissibilidade legal.

Ora, quer-nos parecer que a apresentação dos documentos a que se refere o art. 523.º só será *manifestamente extemporânea* quando se verificar após o encerramento da discussão da matéria de facto (pois que até aí sempre poderiam apresentar-se, ainda que mediante a imposição de multa — art. 523.º, n.º 2 [100]).

Mas, por outro lado, logo o art. 543.º, n.º 1, refere que, se o juiz verificar que os documentos são *impertinentes* ou *desnecessários*, mandará retirá-los do processo, sem contudo fazer qualquer referência aos documentos *extemporâneos*.

Ora, na epígrafe do art. 543.º pode ler-se "documentos indevidamente recebidos ou tardiamente apresentados", sendo que há

---

[100] Não obstante este aspecto, a redacção do art. 542.º é manifestamente infeliz, pois que, referindo-se a sua primeira parte aos documentos e pareceres apresentados *para esse efeito*, não se compreende muito bem que efeito é esse (nem mesmo com apelo ao elemento interpretativo lógico-sistemático da conexão próxima). De qualquer modo, o efeito visado só pode ser um dos referidos nos arts. 523.º, n.º 1, e 524.º, n.º 1.

uma enorme diferença entre a *apresentação tardia* do documento e a sua *apresentação extemporânea*. Há apresentação tardia sempre que o documento (destinado a fazer prova dos fundamentos da acção ou da defesa) é apresentado após a dedução do articulado em que se aleguem os factos correspondentes, não existindo para tal atraso justificação bastante. Há apresentação extemporânea *em primeira instância* sempre que esse documento seja apresentado após o encerramento da discussão. No nosso entender, a expressão *documentos tardiamente apresentados*, constante dessa epígrafe, não pode estender-se aos *documentos extemporaneamente apresentados*, apesar da conexão próxima entre o disposto nos arts. 542.º e 543.º. É que a verificação da *impertinência* ou *desnecessidade*, referidas na parte final do n.º 1 do art. 543.º implica a hipótese inversa, ou seja, que, verificada a *pertinência* ou *necessidade*, decida o juiz que os documentos fiquem nos autos. Ora, tendo em conta o que atrás se disse quanto ao momento preclusivo da junção de documentos em primeira instância, não pode sustentar-se, quanto aos documentos extemporaneamente apresentados, a sua pertinência ou necessidade, pelo que a solução contida na parte final do n.º 1 do art. 543.º se impõe, por maioria de razão — tais documentos devem ser oficiosamente mandados retirar do processo [101].

3.1.1.2. **Apresentação de documentos em recurso.**

Como já atrás tivemos ocasião de referir, a lei define um terceiro momento para a apresentação dos documentos destinados a fazer prova dos fundamentos da acção ou da defesa.

Essa apresentação, *já após o encerramento da discussão em primeira instância*, é condicionada:

a) à existência de recurso da decisão final;
b) à demonstração de não ter sido a apresentação possível até ao encerramento da discussão em primeira instância.

---

[101] **Assim**, Ac. do STJ de 21.11.1958 a propósito do art. 556.º do CPC de 1939, **BMJ**, 81, p. 383; **contra**, Ac. do STJ de 16.12.1960 (**BMJ**, 102, p. 319).

Compreende-se a solução legal. Proferida a decisão, e não sendo dela interposto recurso ordinário, forma-se um caso julgado material que, *tendencialmente*, fixa o direito no caso concreto [102].

Pode a factualidade em que a sentença se baseia não ser o espelho fiel da verdade material, ou pode mesmo estar inquinada de erro na aplicação do Direito, mas, ainda assim, logo que transite em julgado, tornar-se-á tendencialmente inquestionável. É a segurança a sobrepor-se à justiça [103].

O que acaba de dizer-se não é, contudo, revelador de uma tomada de posição quanto à delimitação do âmbito da regra do art. 524.º, n.º 1, no sentido de o reduzir aos recursos ordinários. Que o preceito tem, indiscutivelmente, aplicação aos recursos ordinários *e* extraordinários é desde logo demonstrado pelo que se dispõe no art. 771.º, c), a propósito do recurso extraordinário de revisão, como melhor se analisará adiante. Reconheça-se contudo, e desde já, que o *papel* atribuído ao documento que se junta em recurso é diferente consoante se trate de recurso ordinário ou do recurso extraordinário de revisão. É que, enquanto no primeiro caso o documento continuará apenas a ser um meio de prova dos factos que servem de fundamento à acção ou à defesa (pelo menos na hipótese do art. 524.º, n.º 1), no segundo caso o documento é muito mais do que isso: é uma das condições *sine qua non*, determinante da admissibilidade do recurso.

Um outro aspecto a salientar desde já é o de que nem todos os recursos ordinários e extraordinários encontram enquadramento na hipótese do art. 524.º, n.º 1.

Com efeito, esse preceito legal carece de complementação quanto à *tempestividade* da apresentação dos documentos, depois de interposto recurso ou na sua interposição. Essa complementação é fornecida pelo disposto nos arts. 706.º, 727.º, 743.º e 777.º,

---

[102] E dizemos *tendencialmente* porque, mesmo transitada em julgado, a certeza e a segurança a que tende essa decisão podem ainda ser questionadas mediante recurso extraordinário, desde que estejam reunidas as condições necessárias para o instaurar (cfr. os arts. 771.º a 777.º e 778.º a 782.º).

[103] Cfr. OLIVEIRA ASCENSÃO, *ob. cit.*, pp. 601-602.

n.º 1, c), respectivamente quanto aos recursos (ordinários) de apelação, revista, agravo e (extraordinário) de revisão.

Sintomaticamente, no quadro dos recursos extraordinários, fica excluído do âmbito do art. 524.º, n.º 1, o de *oposição de terceiro* (arts. 778.º e ss.).

Cabe agora analisar, isoladamente, a admissibilidade da junção de documentos nos casos já indicados apelação, revista e agravo [104].

Antes, porém, de empreender essa análise, torna-se necessário destacar um aspecto assaz relevante. É que, como já atrás foi referido, a admissibilidade da junção de documentos (destinados a fazer prova dos fundamentos da acção ou defesa) em recurso é subordinada à demonstração da impossibilidade dessa apresentação até ao encerramento da discussão em primeira instância. Não ficando essa impossibilidade demonstrada, o encerramento da discussão *é preclusivo da possibilidade de junção desses documentos* em recurso.

3.1.1.2.1. Junção de documentos em recurso de apelação.

À junção de documentos para instruir recurso de apelação refere-se o art. 706.º. Aqui encontramos, e pela primeira vez, uma expressa referência aos *documentos supervenientes* (art. 706.º, n.º 2).

Mas esse preceito começa por apontar duas situações de admissibilidade de junção de documentos (art. 706.º, n.º 1) *com as alegações de recurso*, são elas:

a) os casos excepcionais a que se refere o art. 524.º; e,

b) no caso de a junção apenas se ter vindo a revelar necessária em virtude do julgamento proferido na primeira instância.

A primeira dessas situações revela, desde logo, um elemento perturbador. É que os casos excepcionais a que se reporta o art.

---

[104] A junção de documentos em recurso extraordinário de revisão, pelas especialidades que apresenta, será objecto de tratamento autónomo.

524.º são dois, e bem distintos: o seu n.º 1 refere-se aos documentos de que temos vindo a tratar até aqui, ou seja, àqueles que se *destinam a fazer prova dos fundamentos da acção ou da defesa*; o n.º 2, aos documentos que se *destinam a fazer prova de factos posteriores aos articulados ou cuja apresentação se tenha tornado necessária em virtude de ocorrência posterior* (aos articulados).

Ora, se o art. 706.º não limita a remissão por si operada a qualquer um desses dois casos, parece não existir razão alguma, pelo menos por enquanto, para considerar que essa remissão é parcial, não abrangendo todo o disposto no art. 524.º.

Seguindo a linha de orientação até agora adoptada, vamos proceder de seguida à análise da junção, em recurso de apelação, de *documentos destinados a fazer prova dos fundamentos da acção ou da defesa* [105], para, de seguida, nos debruçarmos sobre aqueles *cuja junção apenas se tornou necessária em virtude do julgamento proferido em primeira instância* e sobre os *supervenientes*.

A análise especificada do regime da junção de documentos em recurso de apelação não dispensa, contudo, uma prévia e global apreciação da *real eficácia* dessa junção. Se é certo que a junção de documentos em recurso de apelação tem por finalidade essencial a alteração da decisão do tribunal de primeira instância sobre a matéria de facto, não menos certo é que o Tribunal da Relação só pode modificá-la nos termos do art. 712.º, n.º 1 [106]. Deve, pois, este preceito servir de horizonte à junção de documentos em recurso de apelação, determinando-se a partir dele a sua eficácia prática.

---

[105] Remetemos para momento posterior a análise da junção em recurso dos documentos a que se refere o n.º 2 do art. 524.º, isto é, dos documentos destinados a provar factos posteriores aos articulados ou cuja junção se tenha tornado necessária em virtude de ocorrência posterior.

[106] No que respeita à apelação de sentença proferida em processo sumário, cfr. o art. 792.º (cuja actual redacção foi introduzida pela Lei n.º 3/99, de 13.01).

3.1.1.2.1.1. Documentos destinados a fazer prova dos fundamentos da acção ou da defesa.

Em recurso de apelação, o momento próprio para a junção de documentos *destinados a fazer prova dos fundamentos da acção ou da defesa* é o do *oferecimento das alegações* [107], às quais devem ser anexados.

Essa junção só será admissível, contudo, se o apresentante fizer prova de que os não pôde juntar ao processo até ao encerramento da discussão em primeira instância. A análise dessa impossibilidade deve realizar-se nos termos atrás expostos, muito embora se reporte agora *ao termo do encerramento da discussão em primeira instância* e não ao momento da apresentação do articulado em que se aleguem os factos correspondes [108]. Trata-se agora de admitir a junção às alegações de recurso de documentos que se não tinham formado até ao encerramento da discussão em primeira instância ou cuja existência a parte desconhecia nessa data ou, não a desconhecendo, não pôde dispor deles para os apresentar.

3.1.1.2.1.2. Documentos cuja junção apenas se tornou necessária em virtude do julgamento proferido na primeira instância.

Paralelamente à junção de documentos nos casos excepcionais a que se refere o art. 524.º, admite-se no n.º 1 do art. 706.º que se juntem às alegações de recurso os documentos cuja junção *apenas* se tenha tornado necessária em virtude do julgamento proferido na primeira instância.

A plena compreensão dessa parte do preceito passa, antes de mais, pela análise dos seus precedentes normativos.

A admissibilidade legal da junção de documentos ao processo após o decurso do período normal para o fazer, fundada *na necessidade dessa junção em virtude de ocorrência posterior* (ao encerramento do referido período), era já referida no § único

---

[107] Cfr. os arts. 690.º, 698.º e 699.º.
[108] *Supra*, 3.1.1.1.

do art. 25.º do Decreto n.º 13 979, de 25 de Julho de 1927, e no § único do art. 44.º do Decreto n.º 21 287, de 30 de Maio de 1932.

Colocada a questão de saber se a *própria sentença* poderia, para esse efeito, considerar-se *ocorrência posterior*, veio o STJ, no seu Acórdão de 24 de Abril de 1936 [109], considerar que "[a] sentença que julga a acção pode ou não ser ocorrência posterior, nos termos e para os efeitos do § único do artigo 44.º do Decreto n.º 21287, conforme a relação em que está com as alegações das partes. Se a sentença não traz à causa facto novo e se limita a apreciar o que as partes alegaram, não pode considerar-se ocorrência posterior; se, pelo contrário, rejeita o critério seguido pelas partes e adopta factos novos, deve ter-se como ocorrência posterior".

Idêntica razão de ser, para admitir a junção de documento com a minuta do recurso de apelação, é invocada pelo STJ, no seu Acórdão de 9 de Novembro de 1937 [110], considerando-se verificada a necessidade dessa junção em virtude de a sentença da primeira instância se ter baseado em documento requisitado pelo juiz "à última hora" e concluindo-se pelo absurdo que seria se a lei não permitisse contrariar, mediante a junção de um documento, aqueloutro introduzido *de surpresa* no processo.

A relevância da sentença (como ocorrência posterior ao período normal de apresentação da prova documental) para efeitos da admissibilidade legal da junção de documentos com as alegações de recurso viria a obter expresso tratamento no art. 706.º do CPC de 1939, no qual se estabelecia que "[c]om as alegações podem as partes juntar documentos quando se verificarem os casos excepcionais previstos no art. 550.º [[111]] ou quando a junção só se tenha tornado necessária em consequência do julgamento proferido na 1ª instância", solução essa que viria depois a ser consagrada no art. 706.º (n.º 1, última parte) do CPC vigente.

---

[109] *In RLJ*, ano 69.º, p. 203.
[110] *In RLJ*, ano 70.º, p. 383.
[111] Correspondente aos arts. 523.º e 524.º do CPC vigente.

É patente neste último preceito —como aliás no preceito correspondente do CPC de 1939 — uma intenção claramente limitadora da junção, sendo admitida *apenas* quando se tornar necessária em virtude do julgamento proferido na primeira instância.

Quer isto dizer que o *móbil fulcral* e *único* que possibilita a junção é a sentença da primeira instância.

Não se trata, pois, de admitir a junção de documentos cuja apresentação era já necessária na primeira instância para a prova dos fundamentos da acção ou da defesa; não se trata, sequer, de admitir a junção de documentos que se destinam a fazer essa prova, mas cuja apresentação foi impossível em momento anterior. Se a parte que deles pretende fazer uso (nos termos da última parte do n.º 1 do art. 706.º) *podia* ter efectuado a junção até ao encerramento da discussão e não o fez, perdeu o direito de os juntar; se tal apresentação foi impossível até às alegações de recurso, a junção é admissível nos termos da primeira parte do n.º 1 do art. 706.º, mas não da segunda parte [112].

Cabe agora verificar em que circunstâncias pode a sentença da primeira instância, e só ela, determinar a necessidade da junção de um documento ao processo. Nos termos do Acórdão do STJ de 24 de Abril de 1936, tal sucederá quando nela *se rejeita o critério seguido pelas partes e se adoptam factos novos*. A ideia da introdução pelo julgador, quando profere a decisão, de factos não alegados pelas partes é dificilmente conciliável com a travemestra do processo civil: o princípio dispositivo [113]. Essa conciliação parece só poder fazer-se a partir do *princípio inquisitório em matéria instrutória*, que, apesar de ter perdido a formulação genérica antes contida no n.º 3 do art. 264.º, continua a habilitar o juiz, quanto aos factos de que lhe é lícito conhecer, a realizar ou ordenar oficiosamente diligências probatórias [114]/[115]. Com efeito,

---

[112] Cfr., nesse sentido, o Ac. do STJ de 4 de Dezembro de 1979, *in* **BMJ**, 292, p. 313; ANTUNES VARELA, anotação ao Ac. do STJ de 9 de Dezembro de 1980, *in* **RLJ**, ano 115, nº. 3696, p. 94.

[113] Cfr. os arts. 264.º e 664.º, segunda parte.

[114] Cfr. os arts. 535.º, n.º 1, 579.º, 612.º, n.º 1, e 645.º.

[115] A actual redacção do n.º 2 do art. 264.º comporta expressamente a

esse poder de que goza o julgador, habilita-o a introduzir no processo meios probatórios com que as partes podiam, justificadamente, não contar, e a fundar a sua decisão nesses meios, sem que tal signifique o conhecimento de factos de que lhe não é lícito conhecer [116]. É precisamente este o pressuposto da admissibilidade da junção de documentos a que se reporta a segunda parte do n.º 1 do art. 706.º, ou seja, contraditar, mediante prova documental, meios probatórios introduzidos de *surpresa* no processo, que venham a pesar na decisão [117].

ANTUNES VARELA considera ainda, se bem o entendemos, um segundo caso em que a junção de documento será admissível, nos termos do art. 706.º (n.º 1, segunda parte), consubstanciado *numa decisão baseada em preceito jurídico com cuja aplicação as partes não tivessem contado* — para tanto invocando o disposto no art. 664.º, primeira parte [118].

Salvo o devido respeito, discordamos. Com efeito, se o julgador não tem que cingir-se, na decisão da causa, às alegações

---

possibilidade de utilização oficiosa, para efeitos da decisão da causa, dos factos instrumentais que resultem da instrução e discussão da mesma — isto significa, portanto, que esses factos podem ser utilizados para a decisão, *apesar de não haverem sido alegados, designadamente pela parte a quem aproveitam*. O n.º 3 do mesmo preceito permite, para o mesmo efeito, a utilização dos *factos essenciais à procedência de pretensões ou de excepções* que sejam complemento ou concretização de outros que as partes hajam oportunamente alegado e resultem da instrução ou discussão da causa, desde que a parte interessada manifeste a vontade de deles aproveitar e à parte contrária tenha sido facultado o contraditório quanto a tal aproveitamento. Estas duas possibilidades não excepcionam o princípio dispositivo, na medida em que os factos considerados se colocam sempre *na órbita dos factos alegados pelas partes, ou porque são instrumentais em relação a estes ou porque são complemento ou concretização de pretensões formuladas ou de excepções deduzidas*.

[116] Cfr. o Ac. do STJ de 9.11.1937.
[117] Nesse sentido, ANTUNES VARELA, Anotação ao Ac. do STJ de 9 de Dezembro de 1980, in *RLJ*, ano 115.º, n.º 3696, p. 95.
[118] Anotação ao Ac. do STJ de 9 de Dezembro de 1980, in *RLJ*, 115.º ano (1982-1983), n.º 3696, p. 95.

das partes no tocante à *indagação, interpretação* e *aplicação* das regras de Direito, dificilmente se poderá afirmar a possibilidade de aquele fundar a decisão em preceito jurídico com cuja aplicação as partes *justificadamente* podiam não contar. Não vemos como pode a imprevisibilidade pelas partes da aplicação do preceito jurídico em causa qualificar-se como *justificada*.

Mas a resposta a essa questão passa, antes de mais, por distinguir se a aplicação desse preceito jurídico — com cuja aplicação as partes não contavam — é ou não reflexo da introdução no processo *pelo julgador* de meio do prova com que as partes justificadamente não contavam.

Se se trata de um mero *efeito reflexo*, a junção do documento sempre será possível nos termos do preceito em análise, não podendo contudo falar-se de uma nova situação, diferente da por nós já apontada: introdução pelo julgador de meio de prova com que as partes podiam, justificadamente, não contar, *com reflexo na decisão*. Se, pelo contrário, a aplicação desse preceito não deriva da existência de um novo meio de prova (mas apenas do exercício do poder conferido ao julgador no art. 664.º, primeira parte) não vemos como possa isso reflectir-se positivamente na permissão conferida pelo art. 706.º, n.º 1, segunda parte, sem que, simultaneamente se aniquile precisamente o disposto nesse art. 664.º, primeira parte.

3.1.1.2.1.3. Documentos supervenientes.

Em recurso de apelação, e até se iniciarem os vistos aos juízes, podem ainda juntar-se documentos *supervenientes* (arts. 706.º, n.º 2, primeira parte, e 707.º, n.ºs 1 e 2)[119]. Apesar dessa admissibilidade, a lei não fornece expressamente um critério para a determinação do que seja o documento superveniente. Fica-nos, pois, a questão da determinação do marco cronológico a partir do qual existe essa *superveniência* documental.

---

[119] No caso de dispensa dos vistos, previsto no n.º 2 do art. 707.º, a sua inexistência parece determinar que a junção de documentos supervenientes se faça até ao momento em que for proferida a decisão da dispensa.

Antes de mais nada, cabe esclarecer que a superveniência deve aqui ser entendida como o resultado de uma *circunstância impossibilitante* da apresentação do documento *em momento cronologicamente anterior ao início dos vistos aos juízes*.

A determinação desse momento apresenta-se aqui como aspecto fulcral, pois só nos casos em que se verifique impossibilidade de junção do documento *até esse momento* se poderá, em bom rigor, falar de documento superveniente [120].

Em tese geral, parece poder encarar-se o documento superveniente sob duas perspectivas:

a) ou se trata de documento cuja apresentação não foi possível *até ao encerramento da discussão em primeira instância* (art. 524.º, n.º 1) [121];

b) ou se trata de documento cuja apresentação foi impossível *até à apresentação das alegações de recurso* (art. 706.º, n.º 1) [122].

A verdade, parece-nos, reside no segundo entendimento. O momento relevante para determinar a superveniência do documento é o da apresentação das alegações de recurso da parte que dele pretende fazer uso. Para esse efeito, será então *superveniente* o documento que se formou após a apresentação das alegações de recurso da parte que dele pretende fazer uso, ou de cuja existência essa parte só tomou conhecimento após a apresentação das suas alegações, ou, por último, de que só pôde dispor após tê-las apresentado.

---

[120] Essa impossibilidade não oferece especialidades em relação ao já anteriormente referido a propósito da *impossibilidade da apresentação de documentos (destinados a fazer prova dos fundamentos da acção ou da defesa) com o articulado em que se aleguem os factos correspondentes*, podendo pois residir no facto de só após o *momento relevante* o documento se ter formado, ou só após esse momento ter o apresentante conhecido a sua existência, ou ainda, só após esse momento ter podido dispor dele.

[121] Nesse sentido veja-se o Ac. do STJ de 7.12.1948 (***RLJ***, ano 82.º, p. 41).

[122] Nesse sentido veja-se o Ac. do STJ de 16.04.1943 (***RT***, ano 61.º, p. 183), anotado por ALBERTO DOS REIS.

É que se as partes podem juntar documentos às alegações nos casos excepcionais a que se refere o art. 524.º [123], e se podiam tê-los apresentado com as alegações de recurso, não fará sentido a admissibilidade da sua junção após esse momento.

No que respeita aos *documentos supervenientes,* há ainda que levar em conta o disposto no art. 712.º, n.º 1, c), que permite ao tribunal *ad quem* alterar a decisão do tribunal *a quo* sobre a matéria de facto quando o recorrente apresentar documento *novo superveniente* que, por si só, seja suficiente para destruir a prova em que a decisão assentou.

Não cabe aqui analisar todas as circunstâncias que, nesse caso, têm que assistir à modificação da decisão da primeira instância sobre a matéria de facto. Cabe, sim, determinar o que seja documento *novo superveniente.* Consubstanciará esse documento algo de diferente em relação aos documentos a que se refere o art. 706.º, n.º 2?

Poderia pensar-se que com a expressão *documento novo superveniente* quereria o legislador significar o documento *com formação posterior ao início dos vistos,* no que estaria, portanto, suposto o entendimento de que documento *novo superveniente* e documento *(simplesmente)* superveniente seriam coisas diferentes. Não parece, contudo, ser essa a realidade traduzida no art. 712.º, n.º 1, c). Se assim fosse, justificar-se-ia, por um lado, a existência de previsão legal admitindo a junção do documento *novo superveniente* mesmo após o início dos vistos, coisa que não acontece. Mas, por outro lado, parece resultar do confronto das duas primeiras alíneas do n.º 1 do art. 712.º com a sua alínea c), que a *novidade* nesta última referida se reporta aos elementos probatórios documentais já existentes no processo. Com a *novidade* quer-se, pois, significar que se trata de elemento probatório documental não existente no processo até findarem as alegações. Pensamos, pois, que os documentos a que se reporta o art. 712.º,

---

[123] Ou, pelo menos, nos casos excepcionais a que se refere o art. 524.º, n.º 1.

n.º 1, c), são os documentos *supervenientes* referidos no art. 706.º, n.º 2, primeira parte, e não outros.

3.1.1.2.2. Junção de documentos em recurso de revista.

Relativamente à apresentação de documentos em recurso de revista, dispõe o art. 727.º que, com as alegações de recurso podem juntar-se documentos *supervenientes*, sem prejuízo do disposto no n.º 2 do art. 722.º e no n.º 2 do art. 729.º.

O recurso de revista delimita-se pelo seu *objecto* e pelos seus *fundamentos*. No que respeita ao objecto, o recurso destina-se à reapreciação de acórdão da Relação que decida do mérito da causa (art. 721.º, n.º 1). No que respeita aos fundamentos, o recurso funda-se, a título principal, na *violação da lei substantiva*, que tanto pode consistir no *erro de interpretação ou de aplicação*, como no *erro de determinação da norma aplicável* (arts. 721.º, n.º 2 e 3, e 722.º, n.ºs 1 e 2).

Trata-se, pois, de um recurso que só excepcionalmente terá por objecto matéria de facto (arts. 722.º, n.º 2, e 729.º).

Ora, se assim é, e se com a junção de documentos a um processo se visa a prova de *factos*, está substancialmente posto em causa o interesse prático que possa encontrar-se no disposto no art. 727.º. Não parece, contudo, que a afirmação de que os documentos *visam provar factos*, deva ser tão radicalmente entendida a ponto de se pensar que em caso algum poderá a junção do documento revestir interesse prático *para o esclarecimento de uma questão de direito*, fundamento de um recurso de revista, muito embora tal situação seja, em abstracto, de difícil concepção.

Ora, se um documento que sirva aquele propósito puder considerar-se *superveniente*, nos termos do art. 727.º, deve admitir-se a sua junção, com as alegações de recurso.

Essa junção deve, da mesma forma, ser admitida *e tida por relevante do ponto de vista prático*, se o documento superveniente se destinar a fazer prova de *factos que fundamentam a acção ou a defesa*, quando e na medida em que o recurso de revista possa ter por objecto a decisão da segunda instância quanto à matéria de facto (arts. 729.º, n.º 2, e 722.º, n.º 2, última parte)[124].

Salvo melhor opinião, os dois casos apontados esgotam a eficácia prática da junção de documentos admitida no art. 727.º.

Resta-nos, pois, analisar dois aspectos fulcrais para o entendimento do art. 727.º. O primeiro deles prende-se com a determinação do *marco cronológico que fixa a superveniência do documento*.

Também aqui, e à semelhança do que atrás se disse a propósito do documento superveniente em recurso de apelação, a superveniência deve ser entendida como resultado de uma *circunstância impossibilitante* da apresentação do documento *em momento cronologicamente anterior*. Só nos casos em que se verifique impossibilidade de junção do documento *até esse momento* se poderá, em bom rigor, falar de documento superveniente. Ora, esse momento deve reportar-se *ao início dos vistos aos juízes no recurso de apelação* (art. 706.º, n.º 2, primeira parte, e 707.º, n.º 1). Até esse momento podem as partes oferecer os documentos (supervenientes) atrás referidos, e, se os podiam ter oferecido em segunda instância, não há que falar agora em documento superveniente para efeitos do disposto no art. 727.º. Documento superveniente, para esse efeito, é aquele que se formou após *o início dos vistos aos juízes no recurso de apelação* ou de que a parte só teve conhecimento ou disposição após esse momento.

O segundo aspecto a analisar prende-se com a ausência, no art. 727.º, de uma qualquer remissão para o disposto no art. 524.º, ao contrário do que sucede com o art. 706.º, n.º 1. Significará isso que os documentos cuja junção é permitida com as alegações de recurso não são documentos destinados a fazer prova dos fundamentos da acção ou da defesa, de factos posteriores

---

[124] *Assim*, ALBERTO DOS REIS, *Código...*, *cit.*, Vol. IV, p. 17; GONÇALVES SAMPAIO, *A prova por documentos particulares na doutrina, na lei e na jurisprudência*, p. 148.

articulados ou cuja apresentação apenas se tenha tornado necessária por virtude de ocorrência posterior? Confrontado com a questão, ALBERTO DOS REIS entendeu que à ausência dessa remissão seguir-se-ia a consequência de não ser lícito juntar, "em recurso de revista, os documentos abrangidos pelos casos excepcionais previstos no art. 550.º[125], isto é, nem quaisquer documentos supervenientes ao encerramento da discussão na 1ª instância, nem quaisquer documentos relativos a factos ou ocorrências posteriores aos articulados", acrescentado que, para efeitos do disposto no art. 727.º não interessaria saber se "o documento podia ou não ser junto enquanto o processo esteve na 1ª instância [...; ...] essa averiguação tem interesse para o efeito de se saber se o documento pode ou não ser oferecido com o recurso de apelação; não interessa nada para o efeito de determinar se o documento pode ser recebido em recurso de revista"[126].

Salvo o devido respeito, discordamos. Não parece que a ausência dessa expressa remissão, ao contrário do que sucede no art. 706.º, importe tão vasta consequência. É que não pode esquecer-se a directa correspondência entre *o n.º 1 do art. 524.º* e o disposto no art. 727.º. Mas, mais do que isso, também não nos parece razoável a afirmação de que *o disposto no art. 727.º se desinteressa de todo o conteúdo do art. 524.º*. No que respeita aos documentos destinados a fazer prova dos fundamentos da acção ou da defesa, parece evidente que a sua junção em recurso de revista deve passar por determinar previamente se o documento *poderia ter sido junto até ao momento do encerramento da discussão na primeira instância*, e, se assim acontecer, a sua junção não deve ser admitida em recurso de apelação *e muito menos* de revista. Já no que respeita aos documentos a que se refere o n.º 2 do art. 524.º parece-nos, de facto, que a ausência da assinalada remissão terá por efeito a não admissão da sua junção com as alegações de revista[127].

---

[125] Correspondente aos arts. 523.º e 524.º do CPC vigente.
[126] ALBERTO DOS REIS, *Código*..., cit., Vol. IV, p. 17.
[127] *Contra*, segundo nos parece, GONÇALVES SAMPAIO, *A prova*..., cit., p. 148.

3.1.1.2.3. Junção de documentos em recurso de agravo.

3.1.1.2.3.1. Agravo interposto na primeira instância.

À junção de documentos em recurso de agravo, interposto na primeira instância, refere-se o n.º 3 do art. 743.º, aí se dispondo que agravante e agravado podem juntar às alegações de recurso *os documentos que lhes seja lícito oferecer*. A referência à *licitude* da junção só pode ser entendida como uma remissão, pelo menos, para o disposto no art. 524.º, e muito especialmente para o seu n.º 1, pois o âmbito de aplicação deste é expressamente condicionado à existência de recurso. Continuando a orientação metodológica até aqui adoptada, vamos, pois, analisar de seguida a junção dos documentos *que se destinam a fazer prova dos fundamentos da acção ou da defesa*.

O recurso de agravo, cabendo das decisões recorríveis de que não pode apelar-se (isto é, de decisões *que não respeitem ao fundo ou mérito da causa* [128]/[129]), não diz respeito, em regra, aos factos que servem de fundamento à acção ou à defesa. Ora, se os documentos juntos com as alegações de recurso em nada respeitarem à prova dos factos que fundamentam a acção ou a defesa, não estará obviamente em causa a aplicação dos arts. 523.º e 524.º, n.º 2, pelo que a sua junção é livre. Trata-se de documentos cuja junção se tornou necessária em virtude de ocorrência autónoma — a interposição do agravo, que poderá ser anterior ou posterior ao termo dos articulados. Neste último caso a junção é admissível, nos termos da última parte do art. 524.º, n.º 2 [130].

Mas do que acima ficou dito resulta que, quer o agravante quer o agravado, podem juntar às alegações de recurso documentos destinados a fazer prova dos fundamentos da acção ou da

---

[128] Cfr. os art. 733.º e 691.º.

[129] Exemplo característico da decisão de que cabe recurso de agravo em primeira instância é a sentença ou o despacho saneador em que o julgador se abstenha de conhecer o mérito da causa, decidindo pela procedência de excepção dilatória.

[130] Nesse sentido, ALBERTO DOS REIS, **Código**..., *cit.*, Vol. IV, p. 14.

defesa *quando a respectiva apresentação não tenha sido possível até ao encerramento da discussão em primeira instância* (art. 524.º, n.º 1).

A assinalada remissão operada pelo art. 743.º para o disposto no art. 524.º, n.º 1, suscita ainda uma segunda observação. É que este preceito legal reporta-se a uma dimensão temporal posterior ao encerramento da discussão em primeira instância, *supondo, portanto, a existência dessa discussão.*

Ora, sendo certo que decisões recorríveis de que cabe recurso de agravo podem existir antes ou depois da discussão, ou até independentemente da sua existência, somos levados agora a concluir, perante as observações realizadas e também perante o que atrás se disse a propósito do recurso de revista, que o disposto no art. 524.º, n.º 1, está sobretudo pensado em função de recurso de apelação.

A conjugação do disposto nos arts. 524.º, n.º 1, e 743.º, n.º 3, deve, pois, ser estabelecida em termos hábeis. Essa conjugação passa, parece-nos, por distinguir, para o efeito considerado, se o agravo é interposto de decisão que põe termo à acção ou de decisão que não põe termo à acção.

À primeira situação só parecem adaptar-se, *sem margem para dúvidas,* os agravos do despacho saneador ou da sentença que, abstendo-se de conhecer do mérito da causa, *absolvam o réu da instância* (arts. 733.º e 691.º)[131]. Nesses casos o agravo sobe imediatamente e nos próprios autos [arts. 734.º, n.º 1, a) e 736.º], tendo efeito suspensivo (art. 740.º, n.º 1).

Ora, no primeiro caso (despacho saneador), *não houve lugar à discussão.* E, se assim é, há que ampliar agora o âmbito da remissão operada pelo art. 743.º, n.º 3, a que atrás nos referimos. É que, se não se realizou a discussão, à junção dos documentos que se destinam a provar os fundamentos da acção ou da defesa não é aplicável o n.º 1 do art. 524.º, mas antes o disposto no art. 523.º, n.º 2.

---

[131] Para uma panorâmica doutrinal sobre o assunto, cfr. ARMINDO RIBEIRO MENDES, *ob. cit.*, pp. 221 e ss..

Do que acaba de dizer-se podem retirar-se duas ilações: em primeiro lugar, a de que a remissão operada pelo art. 743.º, n.º 3, tem por objecto, não apenas o art. 524.º, mas também o disposto no art. 523.º, n.º 2; em segundo lugar, se se tratar de recurso de agravo do despacho saneador que, pondo termo à causa, não conheça do seu mérito, a junção de documentos que se destinam a provar os fundamentos da acção ou da defesa pode efectuar-se com ou sem demonstração da impossibilidade de os haver junto com os articulados em que se aleguem os factos correspondentes, muito embora, no último caso, a apresentação tardia imponha a condenação em multa (art. 523.º, n.º 2).

No que respeita, porém, à junção de documentos destinados a fazer prova dos fundamentos da acção ou da defesa em agravo interposto da sentença que não conheça do mérito da causa, funciona em pleno a hipótese do art. 524.º, n.º 1: o encerramento da discussão é preclusivo do direito de os juntar, a menos que se demonstre a impossibilidade da junção até esse momento.

Se, por último, o agravo é interposto de decisão que não põe termo à acção e o agravante ou o agravado pretendem juntar às alegações documentos que se destinam *a fazer prova dos fundamentos da acção ou da defesa*, a admissibilidade dessa junção terá de medir-se pela conjugação de dois planos: o do momento em que é interposto o recurso e o do momento da sua subida. Se o recurso é interposto *já após o encerramento da discussão*, a junção dos documentos só será admissível com as alegações demonstrando-se a impossibilidade de os haver apresentado até àquele momento (art. 524.º, n.º 1); se o recurso é interposto antes do encerramento da discussão, para determinar a admissibilidade da junção desses documentos, haverá ainda que distinguir se o recurso sobe antes ou depois daquele encerramento. No primeiro caso, deve a junção ser admitida, ainda que com imposição de multa, se não for demonstrada a impossibilidade da sua apresentação tempestiva (art. 523.º, n.º 1); no segundo, a junção dos documentos só deve ser admitida quando demonstrada a impossibilidade de os haver apresentado até ao encerramento da discussão (art. 524.º, n.º 1).

3.1.1.2.3.2. **Agravo interposto na segunda instância.**

Ao agravo interposto em segunda instância (art. 754.º) é aplicável o disposto no n.º 2 do art. 722.º (*ex vi* do art. 755.º, n.º 2) e o disposto nos arts. 742.º e 743.º, quando o recurso houver de subir imediatamente e em separado (*ex vi* do art. 760.º, n.º 1). No que respeita à junção de documentos com as alegações de recurso de agravo, em segunda instância, remete-se, pois, para o que já anteriormente se disse a propósito dos recursos de revista e de agravo em primeira instância.

3.1.2. **Apresentação de documentos destinados a fazer prova de factos posteriores aos articulados ou cuja apresentação se tenha tornado necessária por virtude de ocorrência posterior.**

Analisada a junção ao processo de documentos *destinados a fazer prova dos fundamentos da acção ou da defesa*, cabe agora fazer referência ao disposto no art. 524.º, n.º 2, ou seja, à apresentação em juízo de *documentos destinados a provar factos posteriores aos articulados* ou *cuja apresentação se tenha tornado necessária em virtude de ocorrência posterior*. Dispõe-se nesse preceito que esses documentos podem ser apresentados *em qualquer estado do processo*.

A principal questão que agora se nos suscita é a da rigorosa determinação do que pode entender-se por *"em qualquer estado do processo"*.

Tendo em conta o preceituado no art. 524.º, n.º 1, parece-nos que, em abstracto, a expressão legal pode pretender significar que esses documentos podem ser apresentados:

a) na primeira instância, até ao encerramento da discussão;

b) na primeira instância, mesmo depois de encerrada a discussão e antes de proferida a decisão;

c) em recurso, dentro dos limites cronológicos já assinalados para os documentos previstos no art. 524.º, n.º 1; ou,

d) em recurso, mesmo para além dos limites indicados na alínea precedente.

Para melhor sistematizar a questão, apreciaremos de seguida a apresentação em juízo de documentos destinados a provar factos posteriores aos articulados, para, só depois, empreendermos semelhante análise no que respeita àqueles cuja junção se tornou necessária em virtude de ocorrência posterior.

3.1.2.1. Documentos destinados a provar factos posteriores aos articulados.

O art. 524.º, n.º 2, na parte respeitante aos documentos destinados a provar factos posteriores aos articulados, teve por fonte próxima o disposto no parágrafo 4.º do art. 550.º do CPC de 1939. Sobre este último preceito, afirmou ALBERTO DOS REIS em comentário CPC de 1939 [132] que, dada a sua colocação, *era relativo à primeira instância*, o que teria o alcance prático da admissibilidade da junção desses documentos mesmo depois de encerrada a discussão. Admitiu, porém, esse autor, que semelhante hipótese chocava com conteúdo dos arts. 515.º, § 1.º [133], 517.º [134] e 653.º, g) [135], desse mesmo diploma. O primeiro desses preceitos impunha a fixação, com subordinação a números, dos pontos de facto articulados pelas partes, controvertidos e que interessassem à solução da causa. Já o referido art. 517.º impunha que as diligências destinadas à produção da prova a realizar na fase instrutória só poderiam recair sobre os factos constantes do questionário. Por último, do art. 653.º, g), integrado na regulação da audiência de discussão e julgamento, inferia-se que a decisão do tribunal colectivo só deveria recair sobre os factos constantes do questionário. A dificuldade assim ocasionada era, contudo, tratada por ALBERTO DOS REIS como meramente aparente, porquanto o disposto no art. 517.º aplicar-se-ia apenas ao depoimento de

---

[132] ***Código...***, cit, Vol. IV, p. 18.
[133] Correspondente ao art. 511.º, n.º 1, do vigente CPC, embora alterado.
[134] Correspondente ao art. 513.º do vigente CPC, embora alterado.
[135] Correspondente ao art. 653.º, n.º 2, do vigente CPC, na parte em questão, embora alterado.

parte, ao arbitramento (prova pericial), à inspecção judicial e à inquirição de testemunhas [136], mas não à prova documental.

Muito embora, perante o CPC de 1939, se pudesse aceitar a explicação de ALBERTO DOS REIS para legitimar a junção dos documentos — destinados a provar factos verificados após os articulados — depois do encerramento da discussão em primeira instância, parece-nos que semelhante hipótese é agora totalmente incompatível com o preceituado nos arts. 506.º e 663.º, n.º 1.

No n.º 1 do art. 506.º permite-se a dedução, em *articulado posterior* ou em *novo articulado,* dos factos *supervenientes* ao termo do prazo para a apresentação dos articulados [137] *constitutivos*, *modificativos* ou *extintivos* do direito cuja tutela se requer; bem entendido, trata-se de factos relevantes para a decisão.

Opera-se aí uma distinção entre o *articulado posterior* e o *novo articulado*. Significa isto que, podendo haver lugar a um ou mais articulados após a ocorrência do facto [138] (ou após a parte que o pretende invocar ter dele tomado conhecimento — art. 506.º, n.º 2), *é nesses articulados que esse facto deve ser alegado*. Mas significa também que, não podendo haver lugar a outros articulados após essa ocorrência ou conhecimento, podem os factos em causa ser deduzidos *em articulado superveniente, até ao encerramento da discussão*, nos prazos a que se refere o n.º 3 do art. 506.º, que diferem consoante o momento em que o facto haja ocorrido ou tenha sido conhecido pela parte que o alega [139]/[140].

---

[136] *Idem* e Vol. III, p. 257.

[137] Cfr. o art. 506.º, n.º 2: "[d]izem-se supervenientes tanto os factos ocorridos posteriormente ao termo dos prazos marcados nos artigos precedentes como os factos anteriores de que a parte só teve conhecimento depois de findarem esses prazos, devendo neste caso produzir-se prova da superveniência".

[138] Cfr. os arts. 502.º e 503.º.

[139] Assim, (i) não havendo lugar a réplica e tréplica ou, no caso inverso, (ii) não se tendo produzido o facto ou o seu conhecimento pela parte até ao momento da junção de cada um destes articulados, os factos relevantes ocorridos ou conhecidos após o termo do prazo para a junção da contestação (caso i) ou após o termo do prazo para a junção da réplica e da tréplica

Ora, a previsão do art. 524.º, n.º 2, reporta-se parcialmente a esta última situação: (documentos destinados a provar) *factos posteriores aos articulados* [141], que, nos termos do art. 506.º, n.º 1, podem ser deduzidos em articulado superveniente — ao qual devem anexar-se os respectivos documentos (art. 506.º, n.º 5) — até ao encerramento da discussão.

É também o encerramento da discussão o momento relevante para efeitos do disposto no art. 663.º, n.º 1: a sentença deve tomar em consideração os factos [...] que se produzam posteriormente à propositura da acção, de modo a que a decisão *corresponda à situação existente no momento do encerramento da discussão*.

Duas questões ficam, pois, por resolver. A primeira é a de saber se deve admitir-se, por força, tão-somente, do art. 524.º, n.º 2, a apresentação em primeira instância de documentos destinados a provar *factos ocorridos após o encerramento da discussão ou de que só após esse momento a parte teve conhecimento* (não tendo, portanto, podido alegá-los até esse momento). A segunda reporta-se à admissibilidade da junção desses mesmos documentos *em recurso*.

(caso ii), *mas antes da audiência preliminar* (se a ela houver lugar), deverão ser alegados em articulado superveniente, que será oferecido na própria audiência. Se o facto ocorrer ou só for conhecido da parte após o termo da audiência preliminar *e antes de notificada a data para a realização da audiência de discussão e julgamento*, o articulado superveniente deverá ser oferecido nos dez dias posteriores a essa notificação — solução que se articula mal com a vigente redacção do n.º 2, b), do art. 508.º-A (DL n.º 375-A/99, de 20.09), tendo em conta o disposto no art. 254.º, n.º 1, quanto aos mandatários presentes — (o mesmo sucedendo quando não tenha havido lugar à audiência preliminar). Tendo o facto ocorrido ou sido conhecido da parte após os dez dias posteriores à notificação da data designada para a audiência de discussão e julgamento, deve oferecer-se o articulado nesta audiência, quer tenha ou não havido lugar a audiência preliminar.

[140] Devendo o juiz rejeitar o novo articulado quando, por culpa da parte, for apresentado fora de tempo (art. 506.º, n.º 4, primeira parte).

[141] E, segundo o *lugar paralelo* do art. 506.º, n.ºs 1 e 2, também factos de que a parte só teve conhecimento após os articulados.

No que respeita à primeira questão parece-nos que a resposta deve ser claramente negativa, dada a compreensível necessidade de incluir esses factos na base instrutória (arts. 506.º, n.º 6, e 507.º). Com efeito, não pode esquecer-se que o disposto no art. 524.º, n.º 2, do CPC vigente foi pensado, no âmbito do CPC de 1939, para uma estrutura dos articulados que não contemplava o articulado superveniente. Alterada essa estrutura no CPC de 1961 e introduzido o articulado superveniente, o disposto nesse preceito tem que harmonizar-se com a estatuição do art. 506.º, n.º 1. Significa isto que o preceituado no art. 524.º, n.º 2, deve reduzir-se ao limite temporal fixado no art. 506.º, n.º 1. Assim, os documentos destinados a provar *factos posteriores ao encerramento da fase dos articulados* podem ser juntos a *articulado superveniente*, no qual se aleguem esses factos, mas apenas até ao encerramento da discussão.

A resposta que demos à primeira das assinaladas questões prejudica, estamos em crer, uma resposta positiva à segunda.

A admissibilidade da junção *em recurso* de documentos destinados a provar factos posteriores aos articulados prende-se, naturalmente, com a problemática do *objecto do recurso*, que pode, em tese geral, consistir *na questão sobre que incidiu a decisão recorrida* — ou seja, no novo julgamento dessa questão — *ou na própria decisão recorrida* — visando o recurso decidir se, *ex lege,* a decisão recorrida foi a que devia ter sido proferida [142].

Sendo o caso o primeiro, nada obstaria a que, em recurso, se admitisse a alegação e prova documental de factos novos, relevantes para decidir, de novo, a questão. Mas, ao contrário, se se considerar que o objecto do recurso é a própria decisão recorrida, não deve admitir-se a possibilidade de, no mesmo, se alegarem factos novos e muito menos a junção de documentos destinados a fazer prova desses factos.

---

[142] Ilustração da primeira das concepções do recurso pode encontrar-se no Direito alemão, a propósito do recurso de apelação (*Berufung*), no § 529 do *ZPO*.

No Direito Processual Civil português, conforme se dispõe no art. 676.º, n.º 1, do CPC, o objecto do recurso é a *decisão*, orientando-se de há muito a jurisprudência no sentido de o recurso não visar a criação de soluções sobre matéria nova mas apenas modificar as decisões recorridas, sendo, portanto, vedado aos tribunais superiores a apreciação de matéria não suscitada no tribunal recorrido [143].

Inclinamo-nos, pois, a pensar que é vedada a junção de documento em recurso, quando os mesmos se apresentem como meio de prova de factos não alegados na primeira instância, em articulado *normal* ou superveniente [144].

Em resumo, pensamos dever o disposto no art. 524.º, n.º 2, primeira parte, ser objecto de *interpretação restritiva*, legitimando apenas a junção de documentos destinados a provar factos posteriores aos articulados, *na primeira instância e em articulado superveniente* [145].

3.1.2.2. Documentos cuja junção se tornou necessária em virtude de ocorrência posterior aos articulados.

Como atrás deixámos assinalado [146], a ideia de permitir a junção de documentos depois do período normal para o fazer, *fun-*

---

[143] Cfr. os Ac. do STJ de 24.02.1967 (*BMJ*, 164, p. 321); de 5.01.1968 (*BMJ*, 173, p. 300); de 1.03.1968 (*BMJ*, 175, p. 285); de 22.04.1969 (*BMJ*, 186, p. 168); de 5.02.1974 (*BMJ*, 234, p. 267); de 25.11.1975 (*BMJ*, 251, p. 122); de 20.04.1976 (*BMJ*, 256, p. 94); de 10.11.1977, (*BMJ*, 271, p. 240); de 11.01.1979 (*BMJ*, 283, p. 200); de 16.07.1981 (*BMJ*, 309, p. 283); de 5.02.1982 (*BMJ*, 314, p. 195); de 22.06.1982 (*BMJ*, 318, p. 415); de 18.03.1983 (*BMJ*, 323, p. 393); de 26.03.1985 (*BMJ*, 345, p. 362) e de 8.04.1986 (*BMJ*, 356, p. 314).

[144] *Assim*, CASTRO MENDES, *Direito Processual Civil*, III.º Vol., pp. 28 e ss..

[145] *Assim*, ANTUNES VARELA, anotação ao Ac. do STJ de 9 de Dezembro de 1980, *in RLJ*, 115.º ano, n.º 3696, p. 93, 4., nota 1 (embora o autor não teça considerações sobre o resultado interpretativo defensável, e que é, quanto a nós, a *interpretação restritiva*); **contra**, segundo nos parece, GONÇALVES SAMPAIO, *ob. cit.*, p. 151.

[146] *Supra*, 3.1.1.2.2.

dada em necessidade criada por ocorrência posterior, era já admitida no § único do art. 44.º do Decreto n.º 21 287, de 30 de Maio de 1932 [147].

A *ratio* da permissão prende-se com a necessidade de contraditar afirmações novas que o réu venha a fazer no último articulado, o conteúdo de documentos com o mesmo apresentados ou ainda elementos probatórios produzidos na fase instrutória.

Exemplificando esta *necessidade de junção de documentos fundada em ocorrência posterior aos articulados* escreveu ALBERTO DOS REIS o seguinte: "[p]rocede-se a um exame ou a uma vistoria e nas respostas aos quesitos os peritos afirmam a existência de factos que não correspondem à realidade. A parte prejudicada por essas respostas pode juntar ao processo uma fotografia pela qual se mostre que o laudo dos peritos não é exacto. Uma testemunha, no acto de depor, garante a veracidade de certos factos que se não deram; a parte deve ser admitida a juntar ao processo documentos que provem a inexactidão do depoimento" [148]. No âmbito do raciocínio exposto no número anterior, para a junção de documentos destinados a provar factos posteriores aos articulados, este entendimento tinha o alcance prático de permitir a junção desses documentos, depois do prazo normal para o seu oferecimento, até ser proferida a decisão da causa.

O CPC de 1939 veio, porém, dispor no parágrafo 4.º do seu art. 550.º, que tais documentos podiam ser oferecidos *em qualquer estado do processo*, assinalando ALBERTO DOS REIS a esta expressão o conteúdo já referido anteriormente: tratar-se-ia de admitir a junção, *apenas em primeira instância*, mesmo depois de encerrada a discussão.

Não pensamos, contudo, perante os actuais dados legais, que existam, quanto à junção destes documentos, razões bastantes que justifiquem solução diferente da por nós já apontada, no

---

[147] Sobre o assunto, cfr. ALBERTO DOS REIS, **Breve estudo...**, *cit*, p. 257.
[148] *Idem*, pp. 255 a 258.

número anterior, quanto à junção de documentos destinados a provar factos posteriores aos articulados. Ou seja, não deve admitir-se a junção destes documentos depois do encerramento da discussão em primeira instância e muito menos em recurso [149], fazendo apenas excepção a esta última situação a junção dos documentos tornados necessários em virtude de interposição de recurso de agravo [150].

---

[149] **Contra**, segundo nos parece, GONÇALVES SAMPAIO, *ob. cit.*, p. 151.
[150] *Supra*, 3.1.1.2.3.

III. PROVA DOCUMENTAL E RECURSO EXTRAORDI-NÁRIO DE REVISÃO.

O documento superveniente como fundamento do recurso extraordinário de revisão.

A distinção entre recursos ordinários e extraordinários, que atrás deixámos assinalada [151], remonta já à doutrina processualista anterior ao Código de Processo Civil de 1876 [152] e viria a ser assumida como a principal classificação legal dos recursos no Código de Processo Civil de 1939. Com efeito, essa distinção surgia no art. 677.º desse diploma [153], integrando-se na categoria dos recursos extraordinários a *revista* e a *oposição de terceiro*.

O critério que permitiria a distinção entre recursos ordinários e extraordinários, como atrás ficou assinalado, partia da noção de *trânsito em julgado* das decisões judiciais, sendo ordinários os recursos *interpostos de decisões não transitadas em julgado* e extraordinários os *interpostos de decisões transitadas em julgado*.

A referida classificação legal viria também a ser consagrada no CPC de 1961 (art. 676.º), regulando-se, no art. 771.º, as condições da admissibilidade do recurso de revista, podendo dizer-se que o mesmo se delimita exclusivamente pelos seus fundamentos.

Um desses fundamentos *é a apresentação de documento de que a parte não tivesse podido fazer uso, no processo em que foi proferida a decisão e que, por si só, seja suficiente para modificá-la em sentido mais favorável à parte vencida* [art. 771.º, c)].

---

[151] *Supra*, I, 2.
[152] Cfr. ALBERTO DOS REIS, ***Código***..., cit., Vol. VI, p. 329.
[153] Correspondente ao art. 676.º do CPC vigente.

Fundamento semelhante, ou próximo deste, é, em geral, revelado pelo direito comparado, quer para justificar um recurso extraordinário (sistema latino [154]), quer as chamadas acções de anulação do caso julgado ou outros meios de reabertura da instância (sistema austro-germânico).

O referido preceito do CPC, tal como se encontra gizado, revela uma assinalável diferença de redacção relativamente ao preceito correspondente do CPC de 1939, referindo-se este último a documento *novo superveniente,* que por si só fosse suficiente para *destruir* a prova em que a sentença se havia fundado.

A propósito desta última norma, assinalou ALBERTO DOS REIS que o requisito da novidade *não significava a necessidade de o documento se haver formado depois do trânsito em julgado da sentença a rever*, porque as palavras «de que a parte não dispusesse nem tivesse conhecimento» inculcavam precisamente que o "documento já existia, mas a parte não pôde socorrer-se dele, ou porque o desconhecia, ou porque não o teve à sua disposição"[155]. A novidade significaria, pois, e apenas, que se tratava de documento não apresentado no processo em que havia sido proferida a decisão a rever.

Já quanto ao requisito da suficiência do documento para, por si só, destruir a prova em que a sentença se havia fundado, foi o mesmo entendido por aquele autor como "uma necessidade de ser ele determinante de uma situação tal que crie um estado de facto diverso daquele sobre que assentou a sentença"[156], não

---

[154] Cfr. os arts. 595 do *Code de procédure civile* (recurso extraordinário de *révision*), que contempla, como caso de *ouverture du recours en révison*, a situação em que *une partie détenait et avait dissimulé au tribunal des pièces* [elementos probatórios — cfr. CROZE/MOREL, **Procédure civile**, p. 218] *décisives qui ont été recouvrées depuis le jugement*, e 395, 3, do *Codice di procedura civile* (recurso de *revocazione*), nos termos do qual, *[l]e sentenze pronunciate in grado d'appello o in unico grado possono essere impugnate per revocazione* (proémio) *se dopo la sentenza sono stati trovati uno o più documenti decisivi che la parte non aveva potuto produrre in giudicio per causa di forza maggiore o per fatto dell'avversario.*

[155] **Código...**, cit., Vol. VI, p. 353.
[156] *Idem*, pp. 357-358.

bastando, para admitir-se a revisão, que o documento, por si só, determinasse *decisão mais favorável para a parte vencida* [157].

Parece-nos, todavia, que, quer para a *determinação de um estado de facto diverso daquele em que a sentença se fundou* — a que alude ALBERTO DOS REIS — quer para a *determinação de uma decisão mais favorável à parte vencida*, sempre o documento deveria determinar uma alteração, maior ou menor, do circunstancialismo fáctico em que a sentença se fundou. Mais precisamente, o que parecia exigir-se desse documento, para efeito da admissibilidade da revisão, era a criação de uma *radical alteração* da factualidade em que a sentença se fundara, de modo a *destruir* a prova realizada.

O art. 771.º, c), do CPC de 1961 veio, pois, acolher a posição de ALBERTO DOS REIS quanto ao requisito da novidade, eliminando-se tal referência. Todavia, aligeirou o estado de facto de que esse documento deve ser criador, a fim de, com base nele, se admitir o recurso de revisão. Não se exige agora que o documento seja, por si só, criador de uma radical alteração da situação fáctica em que assentou a decisão revidenda, mas apenas que a altere de modo a poder modificar-se essa decisão em sentido mais favorável à parte vencida. Essencial, para a admissibilidade do recurso de revisão, é apenas que a parte não tivesse podido fazer uso desse documento no processo em que foi proferida a decisão.

Resta, pois, analisar em que circunstâncias pode essa impossibilidade verificar-se.

As circunstâncias impossibilitantes dessa apresentação não oferecem especialidades em relação às por nós já analisadas a propósito da impossibilidade de apresentação de documentos com o articulado em que se aleguem os factos que os mesmos se destinam a provar [158].

---

[157] Sobre este fundamento do recurso de revisão no CPC de 1939, cfr. também CÂNDIDA DA SILVA ANTUNES PIRES, "O Recurso de revisão em processo civil", in ***BMJ***, 134, pp. 203 e ss..

[158] *Supra*, 3.1.1.1.

Essa impossibilidade existirá sempre que, *à data do limite cronológico para a apresentação desses documentos no processo em que foi proferida a decisão revidenda*:

a) a parte desconhecia a existência do documento;

b) a parte, não desconhecendo a sua existência, não pôde dispor dele, a fim de o apresentar [159]; ou,

c) o documento ainda se não tinha formado.

Não se tendo verificado essa impossibilidade, não deve a revisão ser admitida.

A terceira das situações apontadas de impossibilidade de apresentação do documento no processo em que foi proferida a decisão a rever deixa-nos, contudo, algumas dúvidas. É que a referência do art. 771.º, c), a documento *de que a parte não tivesse podido fazer uso no processo em que foi proferida a decisão a rever*, parece supor que o documento exigido deve ter formação contemporânea ao decurso do processo em que foi proferida a decisão revidenda, ou, pelo menos, anterior ao momento até ao qual a parte poderia tê-lo apresentado, caso a circunstância impossibilitante se não tivesse verificado.

Admitir, porém, que um documento com formação posterior a esse momento ou posterior ao trânsito em julgado da decisão revidenda possa — respeitando os demais requisitos do art. 771.º, c) — fundar um recurso de revisão, não parece contrário ao espírito do preceito, tanto mais que essa constitui a situação de mais flagrante impossibilidade de o haver junto no processo em que foi proferida a decisão a rever. Trata-se, pois, neste caso, de um documento *objectivamente superveniente* [160]/[161].

---

[159] Remetemos aqui para o que atrás se disse a propósito da indisponibilidade sobre os documentos e dos eventuais modos de a afastar. Assim, também nesta situação, se a parte não lançou mão, no processo em que foi proferida a decisão revidenda, dos meios que lhe são facultados para trazer o documento ao processo, não deverá admitir-se a revisão. *Supra*, Cap. II, 3.1.1.1.

[160] **Asim**, ALBERTO DOS REIS, **Código**..., *cit.*, Vol. VI, pp. 355-356.

[161] Ao documento *objectivamente superveniente* pode opor-se o *subjec-*

A questão a que acabamos de fazer referência coloca-nos, contudo, um problema adicional, que pode formular-se da seguinte maneira: deve admitir-se a revisão com base em documento destinado a provar factos não alegados no processo em que foi proferida a decisão revidenda ou posteriores a essa decisão?

As considerações atrás formuladas sobre o *objecto* do recurso [162] determinam que nos inclinemos para uma resposta negativa a esta questão. E, com efeito, assim foi decido no acórdão da Relação do Porto de 3.03.1972 [163]. Nele se decidiu que "[d]eve ser recusada revisão se na acção em que foi proferida a sentença revidenta não tiverem sido alegados os factos que os documentos se destinam a provar".

---

tivamente superveniente, ou seja, aquele que a parte não pôde juntar ao processo em que foi proferida a decisão a rever por desconhecer a sua existência ou de que não pôde dispor para esse fim.

[162] *Supra*, 3.1.2.1.
[163] *In RT*, 90, p. 129.

BIBLIOGRAFIA

ANDRADE, Manuel A. Domingues de
—— *Noções elementares de processo civil*, Coimbra Editora, 1979.
ANDRIOLI, Virgilio
—— "Prova. Diritto processuale civile", *NssDI*, (dir. de ANTÓNIO AZARA / ERNESTO EULA), Vol. XIV, UTET, Torino, 260-300.
ASCENSÃO, José de Oliveira
—— *O Direito — Introdução e teoria Geral / Uma perspectiva luso-brasileira*, 7ª. ed., Livraria Almedina, Coimbra, 1993.
BAPTISTA, José João
—— *Dos recursos*, Universidade Lusíada, Lisboa, 1988.
CARNELUTTI, Francesco
—— "Documento. Teoria moderna", *NssDI* (dir. de ANTÓNIO AZARA / ERNESTO EULA), Vol. VI, UTET, Torino, 85-89.
—— *La prova civile — Parte generale (Il concetto guiridico della prova)*, Athenaeum, Roma, 1915.
CARLOS, Adelino da Palma
—— *Direito Processual Civil*, AAFDL, Lisboa, 1956.
—— *Direito Processual Civil / Dos recursos*, AAFDL, Lisboa, 1970.
CASTRO, Artur Anselmo de
—— *Direito Processual Civil declaratório*, Livraria Almedina, Coimbra, (Vol. I, 1981; Vol. III, 1982).
CORDEIRO, António Menezes
(com FRAGA, Francisco Castro)
—— *Novo regime do arrendamento urbano*, Livraria Almedina, Coimbra, 1990.
CROZE, Hervé
(com MOREL, Christian)
—— *Procédure civile*, PUF, Paris, 1988.
CUNHA, Paulo
—— *Da marcha do processo: Processo comum de declaração* (Apontamentos de Artur Costa e Jaime de Lemos), 2 Tomos, Tipografia Augusto Costa & Cª., Limitada, Braga, 1940.
LEAL-HENRIQUES, Manuel
—— *Recursos em processo civil*, 2ª. ed., Rei dos Livros, Lisboa, 1992.

LEONE, Carlo,
—— "Istruzione del processo civile; a) Istruzione della causa", in *EdD*, Vol. XXIII, Giuffrè Editore, Varese, 1993, 141-153.
LIEBMAN, Enrico Tullio
—— *Manuale di Diritto processuale civile*, Vol. I, 4ª. ed (reimp.), Dott. A. Giuffrè Editore, Milano, 1984.
LUZZATTO, Guiseppe
—— "Documento. Diritto romano", in *NssDI* (dir. de ANTÓNIO AZARA / ERNESTO EULA), Vol. VI, UTET, Torino, 84-85.
MENDES, Afonso de Castro
—— "Recurso (Direito Processual Civil)", in *Polis*, Vol. 5, colunas 78 e ss., Editorial Verbo, Lisboa / S. Paulo, 1987.
MENDES, Armindo Ribeiro
—— *Recursos em processo civil*, Lex, Lisboa, 1992.
MENDES, João de Castro
—— *Direito Processual Civil*, AAFDL, Lisboa, 1986.
—— *Do conceito de prova em processo civil*, Ática, Lisboa, 1961.
PIRES, Cândida da Silva Antunes
—— "O Recurso de revisão em processo civil", in *BMJ*, 134 (1964).
REIS, José Alberto dos
—— *Breve estudo sobre a reforma do processo civil e comercial*, 2ª. ed., Coimbra Editora, Coimbra, 1929.
—— *Código de Processo Civil anotado* (Vol. III, 4.ª ed., reimp., 1985; Vol. IV, reimp., 1987; Vol. V, reimp., 1984), Coimbra Editora, Coimbra.
SAMPAIO, J. Gonçalves
—— *A prova por documentos particulares na doutrina, na lei e na jurisprudência*, Livraria Almedina, Coimbra, 1987.
SERRA, Adriano Vaz
—— "Provas", in *BMJ*, 110, 111 e 112 (1961/1962).
SOUSA, Miguel Teixeira de
—— *A acção de despejo*, Lex, Lisboa, 1991.
—— *A competência declarativa dos tribunais comuns*, Lex, Lisboa, 1994.
—— *Introdução ao processo civil*, Lex, Lisboa, 1993.
—— *Sobre a teoria do processo declarativo*, Coimbra Editora, 1980.
VARELA, João de Matos Antunes
(com BEZERRA, J. Miguel/NORA, Sampaio)
—— *Manual de processo civil*, 2ª. ed., Coimbra Editora, 1985.
—— Anotação ao Ac. do STJ de 4 de Dezembro de 1979, in *RLJ*, ano 115.º (1982-1983), n.º 3696.

ÍNDICE

Nota prévia
Principais abreviaturas 7
Introdução (Delimitação do tema e razão de ordem) 9

I. DECISÃO JUDICIAL E RECURSO. 11
   1. Impugnação das decisões judiciais (generalidades). Recurso e reclamação 11
   2. Recursos ordinários e extraordinários 17

II. FASE INSTRUTÓRIA E PROCEDIMENTOS PROBATÓRIOS. PROVA DOCUMENTAL. 19
   1. Generalidades 19
   2. Processo declarativo comum ordinário e fases processuais. Fase da instrução. Prova 24
   3. Procedimentos probatórios e prova documental 31
      3.1. Apresentação de documentos em juízo 34
         3.1.1. Apresentação de documentos destinados a fazer prova dos fundamentos da acção ou da defesa 35
            3.1.1.1. Apresentação de documentos em primeira instância 37
            3.1.1.2. Apresentação de documentos em recurso 43
               3.1.1.2.1. Junção de documentos em recurso de apelação.... 45
                  3.1.1.2.1.1. Documentos destinados a fazer prova dos fundamentos da acção ou da defesa 47
                  3.1.1.2.1.2. Documentos cuja junção apenas se tornou necessária em virtude do julgamento proferido na primeira instância 47
                  3.1.1.2.1.3. Documentos supervenientes 51
               3.1.1.2.2. Junção de documentos em recurso de revista .. 54
               3.1.1.2.3. Junção de documentos em recurso de agravo ... 57
                  3.1.1.2.3.1. Agravo interposto na primeira instância ... 57
                  3.1.1.2.3.2. Agravo interposto na segunda instância 60
         3.1.2. Apresentação de documentos destinados a fazer prova de factos posteriores aos articulados ou cuja apresentação se

tenha tornado necessária por virtude de ocorrência posterior 60

3.1.2.1. Documentos destinados a provar factos posteriores aos articulados 61

3.1.2.2. Documentos cuja junção se tornou necessária em virtude de ocorrência posterior aos articulados 65

III. PROVA DOCUMENTAL E RECURSO EXTRAORDINÁRIO DE REVISÃO 69

O documento superveniente como fundamento do recurso extraordinário de revisão 69

BIBLIOGRAFIA 75